NOTAS PASTORALES

NOTAS PASTORALES

Una guía esencial para el estudio de las escrituras.

I y II Tesalonicenses

Nashville, Tennessee

Versión Reina-Valera, revisión de 1960
Texto bíblico © Copyright 1960,
Sociedades Bíblicas en América Latina.
Publicado por Broadman & Holman Publishers,
Nashville, Tennessee 37234

1 2 3 4 5   03 02 01 00 99

CONTENIDO

Estimado lector:

Notas Pastorales están diseñadas para proporcionarle, paso a paso, un vistazo panorámico de todos los libros de la Biblia. No pretende sustituir al texto bíblico; más bien, son guías de estudio cuya intención es ayudarle a explorar la sabiduría de las Escrituras en un estudio personal o en grupo y a aplicar esa sabiduría con éxito a su propia vida.

Notas Pastorales le guían a través de los temas principales de cada libro de la Biblia y aclaran detalles fascinantes por medio de comentarios y notas de referencias apropiados. La información de los antecedentes históricos y culturales dan un enfoque especial al contenido bíblico.

A lo largo de la serie se han usado seis diferentes iconos para llamar la atención a la información histórica y cultural, referencias al Antiguo y Nuevo Testamentos, imágenes verbales, resúmenes de unidades y aplicaciones personales para la vida cotidiana.

Ya sea que esté dando usted los primeros pasos en el estudio de la Biblia o que sea un veterano, creo que encontrará en *Notas Pastorales* un recurso que lo llevará a un nuevo nivel en su descubrimiento y aplicación de las riquezas de las Escrituras.

Fraternalmente en Cristo,

David R. Shepherd
Director Editorial

DISEÑADO PARA EL LECTOR OCUPADO

Notas Pastorales sobre 1 y 2 Tesalonicenses están diseñadas para proporcionarle una herramienta fácil de usar a fin de poder captar las características importantes de estos libros y para lograr una buena comprensión de su mensaje. La información que aparece en obras de referencia más difíciles de usar ha sido incorporada en el formato de *Notas Pastorales*. Esto le brinda los beneficios de obras más avanzadas y extensas concentrados en un tomo pequeño.

Notas Pastorales es para laicos, pastores, maestros, líderes y participantes de pequeños grupos, al igual que para el alumno en el salón de clase. Enriquezca su estudio personal o su tiempo de quietud. Acorte el tiempo de preparación para su clase o pequeño grupo al ir captando valiosas percepciones de las verdades de la Palabra de Dios que puede transmitir a sus alumnos o miembros de su grupo.

DISEÑADO PARA SER DE FACIL ACCESO

Las personas con tiempo limitado apreciarán especialmente las ayudas que ahorran tiempo, incorporadas en *Notas Pastorales*. Todas tienen la intención de lograr un encuentro rápido y conciso con el corazón del mensaje de estos libros.

Comentario conciso. Primera y Segunda Tesalonicenses están repletas de instrucción doctrinal y ética para los creyentes. Las breves secciones proporcionan "fotos" instantáneas de las enseñanzas y argumentos del apóstol Pablo, recalcando puntos importantes y otra información.

Texto bosquejado. Un bosquejo extenso abarca el texto completo de 1 y 2 Tesalonicenses. Esta es una valiosa ayuda para poder seguir la fluidez del contenido, dando una manera rápida y fácil de localizar algún pasaje en particular.

Notas Pastorales. Son declaraciones resumidas que aparecen al final de cada sección clave de la narración. Aunque sirven en parte como un rápido resumen, también brindan la esencia del mensaje presentado en las secciones que cubren.

Iconos. Varios iconos en el margen recalcan temas recurrentes en 1 y 2 Tesalonicenses y ayudan en la búsqueda o ubicación de esos temas.

Acotaciones al margen y cuadros. Estas ayudas, seleccionadas especialmente, brindan información adicional de trasfondo a su estudio o preparación. Contienen definiciones tanto como observaciones culturales, históricas y bíblicas.

Mapas. Se encuentran en los lugares apropiados en el libro para ayudarle a comprender y estudiar determinados textos o pasajes.

Preguntas para guiar su estudio. Estas preguntas que motivan a pensar y que sirven para comenzar un diálogo, han sido diseñadas para estimular la interacción con las verdades y principios de la Palabra de Dios. Ademas, el lector encontrará otras ayudas valiosas al final del libro.

DISEÑADO PARA AYUDARLE A USTED

Estudio personal. Usar *Notas Pastorales* junto con un pasaje bíblico puede arrojar luz sobre su estudio y llevarlo a un nuevo nivel. Tiene a la mano información que le requeriría buscar en varios tomos para encontrarla. Se incluyen, además, muchos puntos de aplicación a lo largo del libro, lo que contribuye a su crecimiento personal.

Para enseñar. Los bosquejos enmarcan el texto de 1 y 2 Tesalonicenses y proporcionan una presentación lógica del mensaje. Los pensamientos "en cápsulas" redactados como *Notas Pastorales* brindan declaraciones resumidas para presentar la esencia de puntos y acontecimientos clave. Los iconos que simbolizan aplicación destacan la aplicación personal del mensaje, y los que apuntan al contexto histórico y cultural indican dónde aparece la información de trasfondo.

Estudio en grupo. Notas Pastorales puede ser un excelente tomo complementario para usar a fin de obtener una comprensión rápida y precisa del mensaje de un libro de la Biblia. Cada miembro del grupo se beneficiará al tener su propio ejemplar. El formato de *Notas* facilita el estudio y la ubicación de los temas a lo largo de 1 y 2 Tesalonicenses. Los líderes pueden usar sus características flexibles para preparar las sesiones del grupo o para usarla en el desarrollo de las mismas. Las preguntas para guiar su estudio pueden generar el diálogo sobre las verdades clave del mensaje de estas cartas.

LISTA DE ICONOS QUE SE USAN EN 1 Y 2 TESALONICENSES

Notas Pastorales. Aparece al final de cada sección, es una declaración "en cápsula" que provee al lector la esencia del mensaje de esa sección.

Referencia al Antiguo Testamento. Se usa cuando el escritor hace referencia a pasajes del Antiguo Testamento que se relacionan con el pasaje o que inciden sobre la comprensión o interpretación del mismo.

Referencia al Nuevo Testamento. Se usa cuando el escritor hace referencia a pasajes del Nuevo Testamento que se relacionan con el pasaje o que inciden sobre la comprensión o interpretación del mismo.

Antecedente histórico. Se usa para indicar una información histórica, cultural, geográfica o biográfica que arroja luz sobre la comprensión o interpretación de un pasaje.

Aplicación personal. Usado cuando el texto brinda una aplicación personal o universal de una verdad.

Imagen verbal. Indica que el significado de una palabra o frase específica es ilustrada a fin de arrojar luz sobre ella.

PRIMERA TESALONICENSES

Gálatas fue probablemente la primera carta que escribió Pablo, y 1 Tesalonicenses fue la segunda. Pablo llegó a Tesalónica alrededor del año 51 d. J.C. durante su segundo viaje misionero. Lucas informó acerca de esta breve visita, de su ministerio de predicación allí junto con Silas y de la subsiguiente persecución que les obligó a salir de la ciudad (Hch. 17:1–9). Muchos llegaron a creer en Cristo Jesús antes de que los misioneros fueran obligados a marcharse.

Pablo marchó desde Tesalónica hacia Berea y Atenas, y después a Corinto. Timoteo y Silas, que estuvieron con el apóstol en Tesalónica, se reunieron con él en Corinto. Pablo escribió 1 Tesalonicenses en respuesta al informe de Timoteo poco después de que éste llegara.

1 Tesalonicenses en pocas palabras

Propósito	Animar a los nuevos convertidos durante la persecución; instruirlos en la vida cristiana y darles seguridad en relación con la segunda venida.
Doctrina principal	Las últimas cosas
Pasaje clave	1 Ts. 4:13–18
Otras doctrinas clave	Evangelismo, oración y Dios
Influencia de la carta	Cada capítulo de 1 Tesalonicenses termina con una referencia a la segunda venida de Cristo.

Tesalónica, la capital de Macedonia, era más grande que Filipos. Era una ciudad libre y no tenía guarnición romana dentro de sus murallas. Al igual que Corinto, era una ciudad cosmopolita.

"La firma de Pablo al final de la carta era la prueba de su autenticidad (2 Ts. 3:17) en contra de otros pretendientes falsos (2 Ts. 2:2). Lamentablemente el frágil papiro en el que escribió se deterioró fácilmente fuera de los montones de arena y tumbas de Egipto o de la lava que cubría las ruinas de Herculano. ¡Qué gran tesoro habría sido aquel autógrafo!"

A.T. Robertson

Autor

Tanto 1 como 2 Tesalonicenses afirman que el apóstol Pablo es el autor. El vocabulario, el estilo y la teología son paulinas. Ninguna objeción ha sido capaz de cambiar las convicciones de siglos de la opinión cristiana.

Propósito de la carta

Pablo fue informado que los tesalonicenses seguían fuertes en la fe y que progresaban favorablemente. Después de recibir esta información sobre la iglesia, escribió 1 Tesalonicenses con el fin de lograr varios propósitos:

Quería alentar a los creyentes para que permanecieran firmes en medio de intensa persecución (1 Ts. 2:14; 3:1–4).

Respondió a críticas sobre sus motivaciones en el servicio cristiano explicando cómo había llevado a cabo su ministerio en Tesalónica (1 Ts. 2:1–12).

La realidad de la baja moralidad presente en Tesalónica llevó a Pablo a explicar las normas cristianas sobre la pureza sexual (1 Ts. 4:1–8).

El fallecimiento de algunos mienbros de la congregación despertó preguntas acerca de cómo estos creyentes fallecidos participarían en la segunda venida de Cristo, y Pablo respondió a estas preguntas (1 Ts. 4:13–18).

La iglesia necesitaba instrucción acerca del uso apropiado de los dones espirituales (1 Ts. 5:19–22).

Lugar y fecha de la escritura

Primera Tesalonicenses fue probablemente escrita mientras Pablo se hallaba en Corinto.

Algunos han sugerido que 2 Tesalonicenses fue escrita antes que 1 Tesalonicenses. Ninguna de las cartas tiene indicaciones de haber aparecido antes que la otra, de manera que es posible que la sugerencia sea correcta.

Destinatarios

Pablo dirigió las cartas a la iglesia en Tesalónica. Según el informe que había recibido por medio de Timoteo, la congregación había crecido; pero estaba experimentando fuerte persecución. Los miembros eran creyentes recién convertidos y estaban necesitados de ánimo para permanecer fieles bajo estas presiones.

Importancia teológica de 1 Tesalonicenses

La carta es más práctica que teológica. Está centrada en Dios por entero. Dios escogió a los tesalonicenses para salvación (1 Ts. 1:4). Su voluntad es la guía para todos los creyentes (4:3). El llama a su pueblo a una vida santa (4:7) y lo capacita para vivir en obediencia. Levantó a Jesús de entre los muertos (4:14), y resucitará a los creyentes para que estén con él cuando el Señor regrese (4:13–5:11).

La carta fue escrita específicamente para reafirmar a aquellos que estaban preocupados acerca de los creyentes que ya habían muerto.

Bosquejo básico de 1 Tesalonicenses

   I. Saludos (1:1)
  II. Relaciones personales (1:2–3:13)
 III. Problemas de la iglesia (4:1–5:11)
 IV. Exhortaciones finales (5:12–28)

SEGUNDA TESALONICENSES

La segunda carta de Pablo a los Tesalonicenses fue aparentemente suscitada por la alarma de parte de los creyentes que habían sido informados que el día de Señor había llegado. El agitador que había confundido a los tesalonicenses había recurrido al parecer a la autoridad de las declara-

La carta puede ser fechada con la ayuda de la Inscripción de Delfos, que provee información acerca del procónsul romano Galión, quien probablemente ocupó el cargo desde el verano del año 51 d. de J.C. hasta el verano del 52 d. de J.C. Pablo fue llevado a la presencia de Galión poco después de que el gobernador llegara a Corinto, cerca del final de la estadía de dieciocho meses del apóstol en la ciudad (Hch. 18:9–18). El ministerio de Pablo en Corinto empezó probablemente en el año 50 d. de J.C., y escribió 1 Tesalonicenses bien en este año o en el siguiente.

Las palabras de consuelo y esperanza de Pablo acerca de la resurrección de los creyentes proveen igualmente de buenas noticias para la iglesia de todos los tiempos en todas partes. Estas buenas noticias sirven como base para una vida práctica y piadosa.

ciones de profetas inspirados de dentro de la iglesia, o a ciertas frases de los escritos de Pablo, o posiblemente a alguna carta falsa (2 Ts. 2:1, 2). Algunos que anticipaban el regreso inminente del Señor habían dejado de trabajar y dependían de otros para satisfacer las necesidades de la vida (3:11).

Debido a su inexperiencia, los miembros de la iglesia estaban inseguros acerca de su posición. Necesitaban reafirmación para hacer frente a la oposición de la cultura pagana y a las dudas ocasionadas por sus propios malentendidos (2:15), y la disciplina era también necesaria para evitar que algunos miembros perezosos trastornaran la vida de la comunidad (3:13–15).

2 Tesalonicenses en pocas palabras

Propósito	Animar a los nuevos convertidos ante la persecución y corregir sus malentendidos acerca del regreso del Señor.
Doctrina principal	Las últimas cosas
Pasaje clave	2 Tesalonicenses 1:3–12
Otras doctrinas clave	La oración, la iglesia, el mal y sufrimiento.
Influencia de la carta	Es una de las más cortas de Pablo, con sólo tres capítulos; pero a causa de 2:3–10, es una de las más ampliamente estudiadas.

Autor

En 2 Tesalonicenses 1:1, leemos: "Pablo, Silvano y Timoteo." Algunos eruditos han cuestionado la paternidad literaria paulina debido a variaciones con la doctrina del regreso de Cristo tal como fue presentada en 1 Tesalonicenses. No obstante, al igual que con la autoría paulina de 1 Tesalonicenses, ninguna objeción decisiva ha cambiado la opinión cristiana de siglos sobre Pablo como autor.

Propósito de la carta

La intención de Pablo al escribir 2 Tesalonicenses es similar a la que le llevó a escribir la primera carta a estos creyentes. Son prominentes varias razones:

- Escribió para alentar a la iglesia en tiempo de persecución (1:4–10).
- Intentaba corregir los malentendidos relacionados con el regreso de Cristo.
- Exhortó a la iglesia a mantenerse firme en todas las cosas (2:13–3:15).
- Puso el énfasis en el retorno de Cristo cuando la iglesia se reuniría con él (2:1) y los impíos serían juzgados (1:6–9; 2:8).
- También instruyó a la iglesia en relación con el hombre de pecado (2:1–12).

Fecha de la escritura

Partiendo del supuesto de que Pablo es el autor y de la tradicional secuencia de las dos cartas, 2 Tesalonicenses podría fecharse varios meses después de la escritura de la primera. Esto llevaría la fecha hacia el final del ministerio del apóstol en Corinto, a finales del año 50 d. de J.C. o a principios del año 51 d. de J.C.

Destinatarios

Los lectores eran los mismos que los de 1 Tesalonicenses. (Véase más arriba "Destinatarios" para 1 Tesalonicenses.)

Relevancia teológica de 2 Tesalonicenses

El énfasis de esta epístola en la segunda venida de Cristo nos recuerda que debemos estar siempre listos en todo momento para la venida del Señor.

Debemos estar preparados, porque él vendrá repentinamente como ladrón en la noche. Aquellos que hayan muerto y los que estén todavía vivos serán reunidos con Cristo en su venida. Estas palabras proporcionan esperanza y aliento a la iglesia en todos los tiempos.

La ciudad de Tesalónica

Casandro, un general de Alejandro Magno, fundó la ciudad de Tesalónica en el 315 a. de J.C., poniéndole el nombre de su esposa. Localizada en el golfo Termaico (Golfo de Salónica) con un puerto excelente —y al final de una ruta comercial importante del Danubio– llegó a ser un centro comercial importante de Grecia. En el período romano retuvo su orientación cultural griega y funcionó como la capital de Macedonia después del 146 a. de J.C.

Cuando Pablo visitó la ciudad, era más grande que Filipos, que reflejaba predominantemente la cultura romana. Tesalónica era una ciudad libre, no tenía guarnición romana dentro de sus murallas y disfrutaba del privilegio de acuñar sus propias monedas. A semejanza de Corinto, contaba con una población cosmopolita debido a la habilidad comercial de la ciudad.

De igual manera, debemos estar alerta contra las maquinaciones diabólicas del hombre de pecado. La iglesia recibe fortaleza de la instrucción acerca de la actividad impía de Satanás con su poder y sus pretendidas señales y prodigios. Los creyentes están fortalecidos con la verdad de que el hombre de pecado será al final destruido por el Señor Jesús en su venida (2 Ts. 2:12). Mientras tanto, la iglesia debe permanecer fiel y firme en el cumplimiento de la voluntad de Dios y de su propósito providencial.

Bosquejo básico de 2 Tesalonicenses

I. Saludos (1:1, 2)
II. Estímulo para la iglesia (1:3–12)
III. Instrucciones para corregir malentendidos (2:1–12).
IV. Exhortaciones a la perseverancia (2:13–3:18)

TEMAS PRINCIPALES EN LAS CARTAS A LOS TESALONICENSES

Persecución y paz. Las cartas a los Tesalonicenses tratan con el problema de la persecución de la iglesia. Ambas comienzan y terminan con la preocupación de Pablo por la paz de los creyentes tesalonicenses.

Los últimos tiempos y la perseverancia. Varias secciones de ambas cartas confrontan varios aspectos de los últimos tiempos. En 1 Tesalonicenses, Pablo consuela a los creyentes de la iglesia que han perdido seres amados, mientras que en 2 Tesalonicenses asegura a la iglesia perseguida que sus perseguidores serían castigados.

Elección y fe. El término para *iglesia* se refiere a aquellos que son "llamados afuera". Estas personas son escogidas por Dios (1 Ts. 1:4). Junto con la realidad de la soberanía de Dios, Pablo reconoce la realidad de la respuesta humana: la fe.

PREGUNTAS PARA GUIAR SU ESTUDIO

1. ¿Cuál fue la causa que llevó a Pablo a escribir 1 Tesalonicenses? ¿Segunda Tesalonicenses?

2. ¿Cuál era la meta de Pablo al escribir 1 Tesalonicenses? ¿Segunda Tesalonicenses?

3. ¿Cómo eran los creyentes tesalonicenses? ¿Cómo habían sido sus relaciones con Pablo?

4. ¿Qué doctrinas principales trata Pablo en las cartas a los Tesalonicenses?

La vida y ministerio de Pablo

SUCESOS MAS IMPORTANTES	PASAJES EN LA BIBLIA		POSIBLES FECHAS
	Hechos	Gálatas	
Nacimiento			Año 1 d. J. C.
Conversión	9:1–25	1:11–17	Año 33
Primera visita a Jerusalén	9:26–30	1:18–20	Año 36
Hambruna	11:25–30	2:1–10?	Año 46
Primer viaje misionero	13:1–14:28		Años 47–48
Concilio apostólico en Jerusalén	15:1–29	2:1–10?	Año 49
Segundo viaje misionero	15:36–18:21		
Carta a los Gálatas			Años 53–55
Tercer viaje misionero	18:23–21:6		Años 53–57
Carta a los Corintios			Año 55
Arresto y prisión en Jerusalén y Cesarea	21:8–26:32		Año 57
Prisión en Roma	27:1–28:30		Años 60–62
Carta a los Efesios			Años 60–62
Muerte			Año 67

LA VIDA Y MINISTERIO DE PABLO

Los primeros versículos de esta carta presentan los temas que Pablo va a tratar (especialmente los tres primeros capítulos) y establece contacto con los lectores. Da gracias por los tesalonicenses y confirma el éxito de la iglesia. La acción de gracias y la afirmación juntas elogiaban los logros de los tesalonicenses con la intención de animarlos a continuar creciendo en su comportamiento y carácter cristianos.

EL SALUDO (1:1)

Autores y destinatarios (v. 1a)

Los tres hombres involucrados en la escritura de la carta fueron Pablo, Silvano (Silas) y Timoteo. Timoteo se unió a Pablo y Silas durante el viaje misionero que les llevó a Tesalónica.

Saludos (v. 1b)

El saludo paulino fue sencillamente: "Gracia y paz sean a vosotros." "Gracia" es el amor de Dios que fluye hacia nosotros a pesar de quienes somos o de lo que hayamos hecho. Es la razón para nuestra salvación y para nuestra relación con Dios. "Paz" describe la nueva relación que existe entre el creyente y Dios y entre los mismos creyentes. Es un bienestar total que fluye de la nueva vida de gracia. El efecto combinado de estas dos palabras tranforman un "hola" rutinario en un saludo con sólido significado teológico.

LA ACCION DE GRACIAS (1:2–7)

La expresión de gratitud de Pablo en este pasaje operaba en varios niveles:

Pablo comienza su carta con el nombre del escritor, el nombre de los receptores, un saludo y una oración de gratitud e intercesión. Esta era la manera que, por lo general, comenzaban las cartas en el mundo helénico del primer siglo.

(Véase la nota al margen "La carta helenística" que aparece en el comentario sobre 2 Tesalonicenses 1.)

Pablo: El renombrado apóstol y principal personalidad entre los tres escritores.

Silas: Un líder confiable de la iglesia en Jerusalén, y más tarde compañero de Pablo en su segundo viaje misionero.

Timoteo: Un creyente prominente tanto en Hechos como en las cartas de Pablo. Residía en Listra y era miembro de la iglesia allí.

1. Expresaba su sincero aprecio por la fidelidad de los cristianos tesalonicenses.
2. La acción de gracias era una manera de establecer relación con los lectores.
3. Mediante su gratitud elogiaba varios aspectos del carácter de los cristianos tesalonicenses los cuales Pablo estimula y habla de ellos en el cuerpo de la epístola.

Oración de gratitud de Pablo (vv. 2, 3)

¿Qué causó que Pablo estuviera tan agradecido? Fue la "fe", el "amor" y la "esperanza" de la iglesia tesalonicense. Estas palabras describen la respuesta total de los creyentes a lo que Dios había hecho en el pasado, estaba haciendo ahora y haría en el futuro.

La fe no es asentir a un código de reglas o a un cuerpo de dogmas. Es la posición de completa confianza en Dios. La vida de fe es también la vida de amor. No podemos ser creyentes sin amar a Dios y a los hijos de Dios. La esperanza describe la expectación anhelante y la espera confiada del creyente por el futuro que Dios ha prometido a sus hijos.

"Somos justificados por la fe, pero la fe produce obras (Ro. 6–8) como Juan el Bautista enseñó, como Jesús enseñó, y como Santiago también lo hace en Santiago 2."

A.T. Robertson.

Aunque Pablo cita la fe, el amor y la esperanza como virtudes cristianas principales (véase 1 Ts. 5:8; 1 Co. 13:13; Col. 1:5), no eran estas el foco esencial de los versículos 2 y 3. Estas virtudes sirven para identificar aquello que motiva y produce las acciones cristianas. Las acciones mismas es lo que el apóstol enfatiza.

La "obra de vuestra fe" que Pablo elogia aquí es la vida cristiana, especialmente los hechos que resultan por la morada del Espíritu en el creyente (Gá. 5:16–26; véase también Ef. 2:10).

Estos no son prerrequisitos para la salvación, sino más bien los resultados de la salvación en

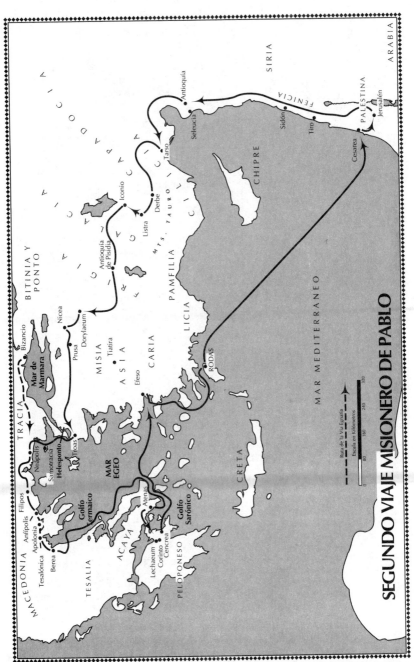

Tomado de John B. Polhill, *Hechos,* vol. 26, New American Commentary [Nuevo Comentario Americano] (Nashville, Tennessee: Broadman & Holman Publishers, 1992), pág. 59.

"Obra de vuestra fe"

Edgar Goodspeed traduce esta frase como "su fe llena de energía".

las vidas de aquellos que son transformados por Cristo (1 Co. 6:1–4; 12:1, 2).

El cristianismo en acción en Tesalónica

VIRTUD	VIRTUD EN ACCION	EXPLICACION
Fe	"Obras producidas por la fe."	Acción inspirada por la acción o llevada a cabo por la fe.
Amor	"Trabajo impulsado por el amor."	Trabajo agotador realizado por amor.
Esperanza	"Constancia inspirada por por la esperanza."	Paciencia involucrada en la práctica de la fe.

■ *Después de un breve saludo, Pablo expresa su*
■ *gratitud por la fe, el amor y la esperanza de*
■ *los tesalonicenses. Fueron estas tres virtudes*
■ *las que motivaron y produjeron sus acciones*
■ *cristianas.*

El éxito de la misión en Tesalónica (vv. 4–7)

Pablo estaba convencido de que sus tareas y las de sus colegas eran el cumplimiento de la iniciativa divina de alcanzar a los ciudadanos tesalonicenses, pues estos eran elegidos de Dios.

El apóstol no simplemente había hablado. Dios había confirmado su predicación con demostraciones de "poder, en el Espíritu Santo y en plena certidumbre".

Poder. El término usado aquí por Pablo para "poder" era también una de las palabras usadas por los escritores de los Evangelios para los milagros de Cristo. Lo que el apóstol quería decir es que había sido el poder de Dios, no el suyo, lo que se había manifestado entre los tesalonicenses.

Espíritu Santo. La inclusión del Espíritu Santo ampliaba la declaración de Pablo a algo más que lo milagroso. El poder del Espíritu para llamar, convencer, iluminar, transformar, asegurar y consolar era mucho más efectivo que lo que las palabras solas pueden expresar. En un sentido, la obra del Espíritu es la garantía de la verdad.

Plena certidumbre. Esto puede referirse bien a la convicción demostrada por los misioneros, o a la seguridad que desarrolló en los que escuchaban el evangelio.

"La elección (griego *ekloge*) tuvo lugar 'antes de la fundación del mundo' (Ef. 1:4), pero sus efectos se ven en la vida de los elegidos... La elección es una manera de decir que Dios toma la iniciativa en la salvación. Subraya el hecho de que la salvación es la obra exclusivamente de la gracia de Dios."

David Ewart

■ *Pablo describió la respuesta ejemplar de los*
■ *tesalonicenses al evangelio. A pesar del seve-*
■ *ro sufrimiento, los tesalonicenses tenían un*
■ *gozo que sólo podía ser proporcionado por el*
■ *Espíritu. Se habían hecho imitadores de Pa-*
■ *blo y del Señor, proveyendo de esa manera*
■ *un modelo para todos los creyentes en Mace-*
■ *donia y Acaya.*

"Elección" o "Escoger"

La palabra griega *ekloge*, traducida como "elección" o "escoger" aparece solamente siete veces en el Nuevo Testamento y siempre indica la elección de Dios de seres humanos.

A.T. Robertson

LAS NOTICIAS SE EXTIENDEN (1:8–10)

Las noticias acerca de la respuesta de los creyentes tesalonicenses al evangelio se esparcieron rápidamente. En realidad las noticias llegaban antes que los misioneros a las ciudades que visitaban. En vez de que fueran los misioneros los que tuvieran que contar lo que Dios había hecho en Tesalónica, la gente ya lo sabía por otros. "En todo lugar" es sólo, por supuesto, una hipérbole. Pablo quiere decir "en todo lugar" que ellos habían visitado. Para ser más específico, se estaba refiriendo probablemente a los lugares de asambleas cristianas (Hch. 4:31; 1 Co. 2:1; 2 Co. 2:14), donde las noticias acerca de las iglesias, de persecuciones y de perseverancia serían compartidas por comerciantes cristianos o por misioneros que viajaban.

Los tesalonicenses se convirtieron tanto en modelos (v. 7) como en mensajeros (v. 8) del evangelio. Por medio de su testimonio verbal y de sus vidas ayudaron a extender "la palabra del Señor" por toda aquella zona, impactando toda la región de Macedonia y Acaya (véase el mapa del "Segundo viaje misionero de Pablo" en la pág. 11).

Pablo revela el alcance de su respuesta al evangelio:

1. *Cómo recibieron a los misioneros* (v. 9). Los recibieron en el seno de la comunidad tesalonicense. La dificultad y la persecución asociadas con la obra de Pablo en la ciudad hizo que la recepción dada por aquellos que se convirtieron tuviera mucho mérito.

2. *Cómo se convirtieron de los ídolos para servir a Dios* (v. 9). La conversión es representada aquí como el acto deliberado de dar media vuelta y dirigirse en otra dirección. Los tesalonicenses se habían vuelto "a Dios" y se habían apartado de "los ídolos". Esto indica que eran paganos y no judíos.

3. *Cuán persistentemente esperaron el regreso del Señor* (v. 10). Este fue el resultado de su sincera conversión: perseverar hasta el

Debido a la forma en que los Tesalonicenses habían recibido el evangelio en medio de aflicciones, se convirtieron en un "ejemplo" para todos los creyentes en Macedonia y Acaya. No llegamos a ser cristianos o actuamos como cristianos por seguir el ejemplo de alguien. Sólo podemos llegar a ser cristianos a través de la presencia y del poder de Dios por medio de nuestra fe personal. El ejemplo de los tesalonicenses dio testimonio de las realidades de una vida de fe dada por Dios. Este mismo curso de conducta fue posible para otros que, inspirados por los tesalonicenses, también confiaron en Dios.

fin. Esperaban a Cristo Jesús que los libraría de "la ira venidera". Los creyentes viven anticipando una coronación (2 Ti. 4:8) en vez de una condenación.

■ *Las noticias de la respuesta de los creyentes*
■ *tesalonicenses se extendieron rápidamente.*
■ *Recibieron bien a los misioneros; se convir-*
■ *tieron de los ídolos para servir a Dios; y es-*
■ *peraban con entusiasmo el regreso de Cristo.*

PREGUNTAS PARA GUIAR SU ESTUDIO

1. ¿Cuál es el significado del saludo de Pablo de "gracia y paz"?

2. ¿Por qué daba Pablo gracias por los cristianos tesalonicenses?

3. ¿En qué sentido se convirtieron los tesalonicenses en modelos para otros creyentes? ¿En qué sentido son modelos para los cristianos de hoy?

4. ¿Cómo habían respondido los tesalonicenses al evangelio?

En Hechos 16:12–40 leemos acerca del establecimiento de la iglesia en Filipos, una iglesia que le causaría gozo a lo largo de su vida. En esta ciudad y durante este mismo viaje, Pablo y sus colegas experimentaron gran sufrimiento y humillación. Sufrieron gran dolor físico y trauma emocional, pues fueron asaltados, golpeados y encarcelados.

"Gran oposición"

La palabra griega *agoni* de la que traducimos "oposición" se usaba para hablar de la "lucha" del atleta metido en el entrenamiento o en una prueba, y era también usada a menudo como una metáfora de las luchas morales. Habla del esfuerzo agotador necesario para vencer a un oponente. Pablo no identifica al oponente en este pasaje. Sin lugar a dudas, no había necesidad de recordar a los tesalonicenses acerca de las luchas que habían enfrentado en los primeros días de la congregación.

Pablo presenta en esta sección un resumen de sus motivaciones y acciones y las de sus compañeros durante su ministerio en Tesalónica. Vemos que aparecen varias declaraciones de acción de gracias en las narraciones de los capítulos 2 y 3.

El capítulo 2 era material nuevo, pero está estrechamente relacionado con el capítulo 1 como lo muestra el siguiente cuadro.

Relación entre los capítulos 1 y 2

Pasaje en Capítulo 2	Tratamiento	Pasaje en Capítulo 1
2:1–6	Amplía	1:4–10
2:7–12	Amplía	1:5, 9
2:13–16	Recuerda	1:6–8, 10

LAS DIFICULTADES QUE ENFRENTARON (2:1, 2)

En los versículos anteriores Pablo habla acerca de los buenos informes que habían salido de Tesalónica. En el capítulo 2 hace comentarios más específicos acerca del ministerio de los misioneros en aquella ciudad.

La experiencia de los misioneros en Filipos antes de su llegada a Tesalónica fue de gran bendición y de gran dificultad.

Los resultados de la persecución fueron lo opuesto de lo que podían esperar. A pesar de la fuerte "oposición" en Tesalónica, ellos habían proclamado el evangelio abierta y valerosamente.

■ *A pesar de la persecución sufrida antes en*
■ *Filipos, Pablo y sus compañeros misioneros*
■ *proclamaron fielmente el mensaje que Dios*
■ *les había confiado. El éxito de su misión, a*
■ *pesar de la persistente oposición, se debió so-*
■ *bre todo al valor que Dios les inspiró.*

LA PUREZA DE LOS MOTIVOS DE PABLO (2:3–5)

Por alguna razón Pablo estaba muy deseoso de
defender la pureza de sus motivaciones misio-
neras durante su estadía en Tesalónica. La gente
en el mundo del Mediterráneo estaba acostum-
brada a ver filósofos, maestros y religiosos am-
bulantes que a veces explotaban a personas
crédulas para su propio beneficio. Quizá el
carácter de Pablo y sus compañeros había sido
también denigrado por sus enemigos judíos en
Tesalónica.

El apóstol y sus amigos habían proclamado fielmente el mensaje que Dios les había confiado.
La fidelidad en condiciones adversas es una
prueba de motivos puros.

Estos testigos, no obstante, eran responsables
no sólo de dar testimonio del comportamiento
de Pablo sino también de imitarle. Sea que Pablo
estuviera rechazando un ataque contra el evangelio o no, su narración estaba dirigida a alentar
a la iglesia a vivir como él les había enseñado a
hacerlo.

En este pasaje, Pablo niega dos motivos impuros
específicos que aparecen detrás de las acciones
de muchas personas: avaricia y halagos. Enfatiza
que los mismos lectores deben testificar acerca
de su carácter y el de sus colegas misioneros.

"Aprobados por Dios"

Esta frase traduce una palabra en el texto original griego. Se refiere a la aprobación de algo como resultado de un examen cuidadoso. El tiempo del verbo se refiere a un evento pasado de prueba o examen, que resulta en un estado actual de aprobación. El término *aprobación* no implica alguna norma de juicio.

"Como sabéis" es una frase enfática en el texto (texto original en griego). Ellos habían hablado no por motivos indignos sino porque Dios les había aprobado confiándoles el evangelio.

■ *La aprobación de Dios era más significativa*
■ *para Pablo y su equipo que el éxito de la mi-*
■ *sión. Pablo tenía suficiente razón para so-*
■ *portar el sufrimiento y las cuestiones relacio-*
■ *nadas con su carácter. Niega las adulaciones*
■ *como su recurso para la misión. Sus motiva-*
■ *ciones no eran la avaricia o los halagos hu-*
■ *manos.*

TIERNOS COMO UNA NODRIZA (2:6–8)

Los tesalonicenses podían haber esperado que Pablo y su equipo ejercieran sus derechos y autoridad como "apóstoles de Cristo". Después de todo, habían sido llamados y enviados por el mismo Señor Jesucristo. En vez de hacer sentir el peso de su autoridad, los evangelistas fueron "tiernos... como la nodriza que cuida con ternura a sus propios hijos".

El apóstol estaba usando esta imagen verbal acerca de su relación con los tesalonicenses. Estuvo caracterizada no por una reafirmación autoritaria de sus deseos, sino por la ternura demostrada por una madre que cuida de su hijo pequeño.

El gran amor que los misioneros llegaron a sentir por su convertidos tesalonicenses se podía ver por el ministerio desarrollado en la ciudad. No solamente estuvieron dispuestos a compartir el evangelio sino también sus "propias vidas".

Las demostraciones de amor de los misioneros*

DEMOSTRACIÓN	PRUEBA
1. "Porque nunca usamos de palabras lisonjeras, ni encubrimos avaricia" (v. 5).	1. "Como sabéis" 2. "Dios es testigo"
2. "Ni buscamos gloria de los hombres; ni de vosotros, ni de otros" (v. 6).	"Podíamos seros carga como apóstoles de Cristo."
3. "Fuimos tiernos entre vosotros, como la nodriza que cuida con ternura a sus propios hijos" (v. 7).	"Tan grande es nuestro afecto por vosotros."
4. "Hubiéramos querido entregaros no sólo el evangelio de Dios, sino también nuestras propias vidas" (v. 8).	"Porque habés llegado a sernos muy queridos

*Cuadro tomado del doctor Michael Martin, *1, 2 Tesalonicenses* (The New American Commentary) [El Nuevo Comentario Americano), pág. 80.

■ *Más bien que mostrar adulación, avaricia o*
■ *abuso, Pablo y sus colaboradores demos-*
■ *traron motivos puros y gran gentileza nacida*
■ *del amor.*

LA GENEROSIDAD DE SU MINISTERIO (2:9–12)

En el versículo 9 Pablo explica la manera en la que los misioneros compartieron sus vidas con los tesalonicenses. Se pusieron a trabajar en tareas manuales agotadoras para sostenerse a sí mismos, a fin de no ser una carga económica para ningún convertido.

Los versículos 9 y 10 pintan un cuadro del trabajo misionero independiente, considerado y justo. Pablo usa otra analogía familiar —un padre— para añadirle afecto y un toque personal a la descripción de su relación con la iglesia tesalonicense.

Las acciones positivas de los misioneros

ACCION	VERSICULO
Ternura	v. 7
Amor y deseo de compartir las buenas cosas del evangelio	v. 8
Trabajo duro e independencia económica	v. 9
Conducta santa, justa e irreprensible	v. 10

Un buen padre alienta y provee orientación, y se preocupa por el desarrollo moral de sus hijos. Los problemas morales eran especialmente agudos entre los nuevos creyentes que se habían convertido de las religiones paganas. Ese era el caso en Tesalónica, que no contaban con el beneficio del entrenamiento moral que tenían los judíos. La ignorancia de la ética cristiana, la atracción de la vieja manera de vivir y las presiones de la sociedad pagana se combinaron para dificultar a algunos creyentes el vivir vidas dignas del evangelio.

Esta es la razón por la que buena parte de la carta estaba dedicada a exhortaciones morales básicas. Pablo creía que una de sus responsabilidades básicas era apoyar a los recién convertidos en su vida cristiana por medio de exhortaciones y estímulo. Las altas normas morales estaban relacionadas con el alto llamamiento que los creyentes habían recibido de Dios.

■ *El comportamiento de Pablo se asemejaba al*
■ *de un padre ofreciendo ayuda a sus hijos con*
■ *problemas. A los que vacilaban les ofrecía ex-*
■ *hortación; a los cansados les ofrecía aliento; a*
■ *los débiles les ofrecía fortaleza y dirección. Su*
■ *motivación era ayudar a cada convertido a*
■ *ver lo que significaba vivir "como es digno de*
■ *Dios, que os llamó a su reino y gloria".*

LA ACEPTACION DEL MENSAJE (2:13–16)

Los misioneros habían sido veraces, honorables y amorosos en su ministerio. De igual manera, los creyentes tesalonicenses habían respondido a la proclamación del evangelio. Muchos de sus vecinos habían rechazado el mensaje de los misioneros como "palabra de hombres".

Cuando el mensaje fue predicado a los creyentes tesalonicenses, sus experiencias subsiguientes confirmaron que el mensaje era en verdad "la palabra de Dios", pues continuaba "actuando en ellos".

Pablo había mencionado previamente que sus lectores habían experimentado aflicción cuando recibieron la palabra. Ahora revela que la aflicción fue persecución de parte de sus propios paisanos. Pablo vio su propia persecución por parte de sus compatriotas judíos como parte de la vieja tendencia de rebelión en contra de Dios. "Los cuales mataron al Señor Jesús", y antes de eso lo hicieron "a sus propios profetas". Habían también expulsado al apóstol y a sus asociados.

El resultado de la oposición de los judíos al avance del evangelio fue que "así colman ellos siempre la medida de sus pecados". A.T. Robert-

"Exhortar, consolar, encargar"

Los dos primeros verbos indican la acción de alentar o animar a alguien. La combinación de ambos en los escritos de Pablo parece indicar un estímulo positivo de la vida cristiana. "Encargar" habla de la entrega de la verdad y la intención es probablemente la de transmitir la función directiva del padre.

Hechos registra la intensa hostilidad de los judíos hacia el evangelio (Hch. 17: 1 ss.). La situación se deterioró hasta el punto que los creyentes tesalonicenses enviaron a los misioneros de noche fuera de la ciudad.

son comenta sobre esta frase y dice: "Puede ser el plan de Dios el permitir a los judíos que sigan hasta colmarse plenamente, o puede ser el resultado natural de los pecados continuos de los judíos."

No estamos seguros de lo que Pablo quiere decir con su última declaración en el versículo 16. Es quizá la declaración más difícil en el pasaje. La "ira de Dios" en el pensamiento de Pablo se refiere generalmente al derramamiento de su ira al final de los tiempos. Aquí, sin embargo, parece referirse a algún acontecimiento o experiencia que Pablo interpreta como que la ira de Dios al fin ha caído sobre los judíos rebeldes.

■ *Después de recibir el evangelio, los creyentes*
■ *tesalonicenses sufrieron intensa persecución.*
■ *Pablo expresa su profunda preocupación y*
■ *exasperación con sus compatriotas. Su re-*
■ *chazo del evangelio llevó al apóstol a una*
■ *amarga denuncia similar a la de los profetas*
■ *del Antiguo Testamento.*

DESEO DE PABLO DE VISITAR LA IGLESIA (2:17–20)

De los comentarios de Pablo acerca de su salida, podemos ver cuánto deseaba él haberse quedado. Evidentemente, temía que los tesalonicenses no fueran lo suficientemente fuertes para enfrentar la hostilidad hacia su nueva fe. Pablo usa un lenguaje cargado de emoción para describir su separación y ausencia de la iglesia. Dice que los misioneros estaban "separados" de la iglesia. La palabra que emplea aquí significa literalmente "huérfanos". El fuerte lazo establecido entre Pablo y la iglesia, comparable al de unos padres amorosos con sus hijos amados, hacía la separación emocionalmente dolorosa para el apóstol. La descripción que hace Pablo de la separación estaba destinada a expresar con claridad que su ausencia no era el resultado de indiferencia de su parte.

Pablo llevó a cabo repetidos intentos de regresar a Tesalónica, pero Satanás frustró sus esfuerzos. El apóstol vio a veces los obstáculos y problemas como expresiones de la voluntad de Dios (Ro. 1:13). En este caso, eran la expresión de oposición de Satanás a Dios.

¿Cuán importantes eran los tesalonicenses para Pablo? El hizo todo lo posible para que supieran que eran muy necesarios. Eran su "gloria y gozo" tanto en el presente como en la futura venida del Señor Jesucristo.

"En su venida"

Esta frase traduce la palabra *parousia* del Nuevo Testamento. Indica la manifestación de una deidad o la visita de un rey o emperador. Los primeros cristianos la usaron para referirse a la venida de Cristo en poder y gloria al fin de esta era.

■ *Pablo anhelaba ver de nuevo a los tesalo-*
■ *nicenses con una gozosa anticipación similar*
■ *a la de los padres deseosos de ver a su hijo re-*
■ *cién nacido.*

PREGUNTAS PARA GUIAR SU ESTUDIO

1. ¿En qué maneras los misioneros expresaron su amor por los creyentes en Tesalónica?

2. Al defender los motivos de su ministerio con los tesalonicenses, ¿sobre qué bases lo hizo Pablo?

3. Al describir su relación con los tesalonicenses, Pablo usó la analogía de una nodriza (vv. 6–8) y la de un padre (vv. 9, 10). ¿En qué sentido actuó él así hacia los tesalonicenses?

4. Pablo deseaba mucho visitar a los tesalonicenses. ¿Cuál era su motivación? ¿Por qué se había visto estorbado a regresar a la iglesia?

El relato de Hechos nos da poca información al respecto. Se nos dice allí que la oposición judía logró que Pablo tuviera que salir de Tesalónica y dirigirse a Berea y desde allí a Atenas (Hch. 17: 1–5). Hechos 17:14 y 15 indican que Timoteo y Silas se quedaron en Berea cuando Pablo huyó para Atenas, pero se esperaba que ellos se le unirían en Atenas tan pronto como fuera posible.

Este capítulo nos permite ver lo que hay en el corazón de Pablo. El expresa su más profunda preocupación por la iglesia. Necesitaba saber cómo iban los tesalonicenses en medio de la persecución.

LA DECISION DE ENVIAR A TIMOTEO (3:1–5)

Al no poder cumplir personalmente con su deseo de visitar Tesalónica, la ansiedad de Pablo por los nuevos convertidos se hizo insoportable. En esta situación decidió enviar a Timoteo de regreso, aunque eso significara permanecer en Atenas sin su amigo de confianza.

La razón de Pablo de enviar a Timoteo a que visitara a los tesalonicenses es clara. Ellos estaban bajo gran presión de parte de sus adversarios. Timoteo iba a cumplir con la tarea pastoral de alentar y exhortar a los creyentes a que permanecieran firmes en Cristo Jesús a pesar de la persecución. Pablo sabía que la "suerte" de los creyentes era la persecución, tal como lo estaban experimentando los tesalonicenses.

Pablo usó tres infinitivos para explicar la misión de Timoteo como queda destacado en el siguiente cuadro:

La misión de Timoteo a los tesalonicenses

DIRECTRICES MINISTERIALES	RESULTADOS BUSCADOS
1. Fortalecerles en la fe	Que los tesalonicenses pudiera permanecer firmes en Cristo.
2. Alentarlos en la fe	Lo mismo que arriba.
3. Evitar que fueran trastornados por la aflicción	Que los tesalonicenses pudieran ser desalentados por la aflicción.

El versículo 5 revela que Pablo estaba inquieto por los tesalonicenses.Quería saber acerca de su fe, esto es, que si su confianza en Jesús era de la calidad que les haría permanecer firmes ante la persecución. También quería sentir que la labor que habían hecho en relación con la iglesia tesalonicense era útil y duradera.

El "Tentador" es otro nombre para Satanás. Los creyentes en Tesalónica estaban enfrentando tanto aflicciones (v. 3) como tentaciones (v. 5). ¿Cuál es la tentación en tiempo de oposición y sufrimiento? Viene del sentimiento de que hemos sido abandonados por Dios. El sufrimiento puede también llevarnos a creer que nuestra confianza es absurda. Si los tesalonicenses hubieran renunciado a su fe en medio de la persecución, Pablo habría llegado a pensar que su labor con los tesalonicenses había sido en vano.

Timoteo, cuyo nombre significa "honrando a Dios" era un amigo y fiel colaborador de Pablo. Cuando Timoteo era niño, su madre Eunice y su abuela Loida le enseñaron las Escrituras (2 Ti. 1:5; 3:15). Al ser de Listra bien pudo haberse convertido durante el primer viaje misionero de Pablo (Hch. 14: 6–23). Pablo se refirió a Timoteo como su hijo en la fe (1 Co. 4:17; 1 Ti. 1:2; 2 Ti. 1:2) y esto probablemente significa que tuvo parte en la conversión de Timoteo.

■ *Pablo envió a Timoteo a visitar a los creyen-*
■ *tes en Tesalónica. Estaba muy preocupado*
■ *acerca de ellos y quería saber que la iglesia*
■ *había persistido en su compromiso con Cris-*
■ *to Jesús. Además, quería sentir que había de-*
■ *sarrollado una labor fructífera y estable.*

TIMOTEO REGRESA CON BUENAS NOTICIAS (3:6–10)

Timoteo volvió de su misión a Tesalónica con la clase de noticias que Pablo esperaba escuchar. Las buenas nuevas que llegaron alentaron a los misioneros. Llenos de gozo por las noticias de aquella pequeña comunidad de acosados cristianos, Pablo decidió comunicarse con ellos por correspondencia. Su entusiasmo queda manifiesto por la rapidez con que respondió a las noticias. "Pero cuando Timoteo volvió" implica que Pablo estaba dando a su respuesta alta prioridad.

Las buenas noticias que Timoteo había llevado eran dobles:

1. Habló acerca de la "fe y amor" de la comunidad cristiana tesalonicense. Ellos había confiado en Dios y no habían decaído en esta confianza bajo la presión.
2. Informó también que los tesalonicenses siempre recordaban a los misioneros con respeto y amor. Compartían los deseos de Pablo de volverse a ver.

La frase "estáis firmes" sugiere certidumbre y suena como una declaración acerca de la perseverancia en el pasado, pero implica también expectativa futura y no sólo una declaración acerca del pasado.

"Lo que falta" (v. 10) puede referirse al crecimiento natural hacia la madurez o, más negativamente, o a alguna deficiencia o insuficiencia que necesitaba corregirse. De ninguna de las cartas de Pablo sacamos la idea de que los cristianos en las iglesias hubieran llegado al cenit de su desarrollo. Sin importar cuán grande fuera su progreso, siempre había lugar para el crecimiento.

"Estáis firmes"

Esta expresión verbal significa "estable", "inquebrantable", "férreo". Se usa a menudo en el Nuevo Testamento como un llamado a seguir perseverando. Los creyentes tesalonicenses estaban perseverando en la piedad en medio de la aflicción. Otros usos en el N.T. de esta expresión incluyen "estad firmes" en la fe (1 Co. 16:13); en el Espíritu (Fil. 1:27); en la comunión con el Señor (Fil. 4:1); y en la libertad cristiana (Gá. 5:1).

> ■ *El informe alentador de Timoteo sobre los*
> ■ *sentimientos favorables de los tesalonicenses*
> ■ *acerca de Pablo, y el hecho de que habían*
> ■ *confiado en Dios y no habían decaído en esa*
> ■ *confianza bajo la presión, eran razones para*
> ■ *regocijarse.*

LA ORACION DE PABLO (3:11–13)

El apóstol concluye esta sección principal de la carta con una oración. Presenta tres peticiones a Dios: (1) Quería que el Señor dirigiera las cosas para su visita a Tesalónica; (2) que el Señor hiciera que el amor creciera y abundara; y (3) le pide a Dios que "sean afirmados vuestros corazones".

"Dirija nuestro camino a vosotros" (v. 11)

La primera petición de Pablo es que sea Dios quien dirija su visita personal a la iglesia.

"Os haga crecer y abundar en amor" (v. 12)

La segunda petición es que el Señor les "haga crecer y abundar en amor" por otros. Esas dos palabras juntas forman un deseo-oración enfático por el crecimiento espiritual de los tesalonicenses. Este amor no era exclusivo, sino que tenía que expresarse "unos para con otros y para con todos".

"Afirmados vuestros corazones" (v. 13)

El corazón es el centro del intelecto y de la voluntad. Pablo se está refiriendo en este versículo a la resolución y la dedicación. La meta del apóstol al pedir que Dios fortalezca los corazones de los tesalonicenses era que pudieran ser "irreprensibles en santidad" en la presencia de Dios. Los santos de Dios son aquellos que están dedicados a él y a su servicio. El quiere que sean

La expresión de la que se traduce "dirija nuestro camino" puede significar "prepare" o "abra camino". La idea básica es la de eliminar obstáculos y esa es la idea que Pablo tiene en mente en este contexto. Algunas dificultades espirituales les habían impedido visitarles: "Satanás nos estorbó" (2:18). Se requiere poder espiritual para eliminar estorbos espirituales. Según lo que Hechos nos dice sobre viajes, la visita de Pablo a Tesalónica no se realizó hasta varios años después, hasta el tiempo del ministerio en Efeso (20:1–6).

fortalecidos en su dedicación a una vida santa, o completamente consagrados a él.

■ *La oración de Pablo refleja la transición en*
■ *su vida de angustia a alegría. Oró rogando*
■ *que Dios le diera la oportunidad de visitar a*
■ *sus amigos. Después pidió que Dios perfec-*
■ *cionara y aumentara el amor que los tesa-*
■ *lonicenses ya sentían unos por otros.*

PREGUNTAS PARA GUIAR SU ESTUDIO

1. ¿Por qué envió Pablo a Timoteo a los tesalonicenses? ¿Cuál fue específicamente su misión?

2. ¿Cuál fue el contenido del informe de Timoteo acerca de los tesalonicenses?

3. Timoteo informó que los tesalonicenses permanecían "firmes en el Señor". Dadas sus circunstancias, ¿qué significa esto?

4. Describa las peticiones de la oración de Pablo en los versículos 11–13. ¿Cual fue la ocasión para esta oración? ¿Cuál era la meta?

Pablo pudo haber terminado la carta con el capítulo 3, porque ya había tratado las preocupaciones más importantes que tenía en mente. En vez de eso, añade a la carta una segunda sección que contiene apelaciones éticas e instrucciones. Algunos de estos temas fueron probablemente sugeridos por el buen informe de Timoteo sobre Tesalónica.

LLAMAMIENTO INICIAL A LA OBEDIENCIA (4:1, 2)

Pablo empieza esta sección apelando a los tesalonicenses. "Rogamos" y "exhortamos" son sinónimos. Vienen después de "Por lo demás, hermanos" en el texto original griego, dando un sentido de urgencia a las palabras de Pablo y creando expectativa en los lectores.

"Cómo... conduciros" o "modo de vivir"

Las palabras de estas frases traducen el verbo que significa "andar". Aparece bajo dos formas en 1 Ts. 4:1 y son traducidas por "andar", "conduciros" y "vivir" por distintas versiones. Siempre se refieren al comportamiento o conducta. A Pablo le encanta la metáfora "andar" *(peripeteo)*.

A. T. Robertson.

"En el Señor Jesús" describe el contexto de su apelación. Cristo Jesús era el Señor de la vida de Pablo y de la de ellos. El apóstol les había dado a los tesalonicenses instrucciones acerca del comportamiento cristiano, cómo tenían que conducirse y "agradar a Dios". El afirma diplomáticamente que los tesalonicenses estaban en verdad siguiendo dichas instrucciones. No obstante, había lugar para el desarrollo y el crecimiento, de manera que Pablo les insta para que abunden "más y más". Su desafío a continuar con el crecimiento cristiano no minimiza, sin embargo, el progreso que sus lectores ya han logrado en vivir las implicaciones del evangelio.

Pablo usa dos claúsulas comparativas para expresar lo que los tesalonicenses tenían que hacer. "Os rogamos y exhortamos en el Señor Jesús, que *de la manera que* aprendisteis de nosotros cómo os conviene conduciros y agradar a Dios, *así* abundéis más y más" (énfasis añadido).

Estas instrucciones guiaban a los nuevos creyentes en cómo tenían que "vivir" y "agradar a Dios". Pablo usa el tiempo presente con ambos infinitivos para indicar que se espera tengan un comportamiento consecuente, no simples actos de obediencia ocasional.

El continuar viviendo en una manera que agrade a Dios no requiere que el apóstol regrese o la revelación de nuevas tradiciones. Requiere obediencia a los mandamientos que la iglesia ya había recibido. También exige obediencia a los mandamientos de Jesús. Los versículos que siguen proveen de un contenido específico en áreas donde Pablo aparentemente sentía que los tesalonicenses necesitaban clarificación o aliento.

Santificación

La santificación es el proceso gradual de llegar a ser santo, de ser separado para Dios, que resulta en un cambio de estilo de vida del creyente. Este proceso lleva al creyente a través del fracaso por depender de sí mismo hasta el triunfo mediante el Espíritu que mora en él. ¿Qué significa vivir una vida santificada? En su nivel básico significa vivir de manera consecuente con el carácter y los mandamientos de Dios.

El continuar viviendo en una forma que agrada a Dios requiere obediencia a los mandamientos de Cristo Jesús. Pablo instruye a los tesalonicenses a proseguir en su crecimiento cristiano.

EXHORTACIONES ACERCA DE LA SANTIFICACION (4:3–8)

Santidad en la vida sexual (vv. 3–6a)

La primera de varias exhortaciones empieza con la declaración de que lo que sigue es la "voluntad de Dios". El tema de esta sección es el llamado a la *santificación*. Los mandamientos específicos en los versículos 3b–6 son ejemplos de una vida santificada en relación con la pureza sexual.

Pablo dejó bien claro en sus cartas que las normas morales elevadas eran importantes en la vida cristiana. Si los creyentes tienen que ser santos, ciertas prácticas deben ser rechazadas. Pablo enfatiza, en este contexto, tres aspectos de la santificación. Aquel que está siendo santificado:

- Debería evitar la inmoralidad sexual (v. 3)
- Debería saber cómo controlar su propio cuerpo (vv. 4, 5)
- Debería evitar "[agraviar ni engañar] en nada a su hermano" (v. 6)

Una advertencia solemne (vv. 6b–8)

Estos versículos presentan una advertencia múltiple. No están dirigidos a los paganos sino a los miembros de la iglesia que eligen vivir en una manera que niega al Dios que dicen servir. Pablo da cuatro razones por las que los cristianos deberían adherirse a una vida de pureza moral:

1. *Dios castigará el comportamiento pecaminoso* (v. 6b). La salvación no concede a los creyentes el derecho de pecar sin sufrir las consecuencias.

2. *Los pecados sexuales son inconsistentes con la santificación* (v. 7). El "llamado" al que Pablo parece referirse arranca del compromiso inicial de seguir a Cristo. La naturaleza del llamamiento de los tesalonicenses y el propósito para el cual fueron llamados exige santificación, no impureza.

3. *Aquel que rechaza las instrucciones rechaza a Dios* (v. 8a). Debido a que Dios llama a los creyentes a una vida santificada y no al comportamiento inmoral, el vivir de manera inmoral es una rechazo de Dios.

El rechazo indica una actitud establecida, no un acto aislado de desobediencia.

4. *Vivir una vida sin santidad es inconsecuente con el carácter del Espíritu Santo que mora en el creyente* (v. 8b). Vivir un estilo de vida inmoral es rechazar el don de Dios del Espíritu. La obra del Espíritu Santo debe ser evidente en la vida santificada de los creyentes (Gá. 5:16–26). Esta es la voluntad de Dios para su pueblo. Vivir inmoralmente es negar la presencia del Espíritu.

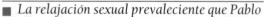

- *La relajación sexual prevaleciente que Pablo*
- *pudo observar en todo el Imperio Romano le*
- *llevó a recordar a sus lectores que la pureza*
- *sexual era parte de la voluntad de Dios.*
- *Aquel que violase las normas de Dios en esta*
- *área podía estar seguro de recibir el castigo*
- *de Dios. Pablo dejó bien claro que Dios no ha*
- *llamado a los creyentes a una vida de im-*
- *pureza sino de santidad.*

EXHORTACIONES SOBRE EL AMOR FRATERNAL (4:9–12)

En las exhortaciones a las iglesias en las que había ministrado, Pablo por lo general ponía el amor y la unidad en la comunidad por delante de su llamado a la moralidad personal. En esta sección él cambió el orden y se refiere al amor después de haber hablado sobre la necesidad de pureza sexual

El amor entre hermanos (vv. 9, 10)

El tema de Pablo en estos dos versículos era el amor por los hermanos en la fe, mientras que trata el tema de la relación con la sociedad no cristiana en los versículos 11 y 12.

"El amor fraternal"

La frase "amor fraternal" (la palabra griega, *philadelphias*) es la traducción de un término compuesto de dos palabras: "amor" y "hermano". Fuera del N.T., los escritores griegos y judíos usaron "amor fraternal" para referirse ante todo al amor dentro de la familia, no al amor dentro de grupos religiosos. En el N. T., sin embargo, se usa siempre como aparece aquí: el amor entre miembros de la familia cristiana (Ro. 12:10; He. 13:1; 1 P. 1:22; 2 P. 1:7).

La única directriz de Pablo en este pasaje fue "os rogamos". Amplía esta directriz con una serie de sugerencias de acciones que les permitiría a los tesalonicenses brillar en el camino a la meta deseada.

El amor de la congregación tesalonicense tenía que incluir a "todos los hermanos que están por toda Macedonia". Podemos suponer que ese amor lo practicaban en un ministerio concreto para las necesidades de los otros cristianos. Sacamos una buena idea de este espíritu de los creyentes macedonios cuando leemos 2 Co. 8:1–5.

Las exhortaciones de Pablo sobre el amor fraternal

ACCION	VERSICULO
Amar a los hermanos más y más	v. 10b
Aspirar a vivir de una manera tranquila	v. 11
Ocuparse de sus propios asuntos	v. 11
Trabajar con sus propias manos	v. 11

Metas:
1. "Que os conduzcáis honradamente para con los de afuera."
2. "No tengan que depender de nadie." v. 12 (NVI)

Los cristianos en el primer siglo se vieron a menudo en medio de dificultades y desórdenes debido a la predicación del evangelio. Pablo mismo tuvo esa experiencia. Pero él no creía que los cristianos debieran meterse en problemas a causa de conducta desordenada, por interferir en los asuntos de otros o por no trabajar para ganar su propio sustento.

Pablo insta a los tesalonicenses a amar a los hermanos "más y más". Ningún cristiano alcanza la cumbre de ese amor en toda su vida espiritual en este mundo.

La conducta en la comunidad (vv. 11, 12)

Pablo pasó con naturalidad de la relaciones en la iglesia a la conducta cristiana en la sociedad. El creyente debe vivir de tal forma que se gane el respeto de los vecinos incrédulos.

■ *La voluntad de Dios para los creyentes in-*
■ *cluye la pureza moral y la relación de amor*
■ *con los demás, lo cual demanda honestidad y*
■ *espíritu de sacrificio.*

EXHORTACIONES EN RELACION CON AQUELLOS QUE YA HAN MUERTO (4:13–18)

"Tampoco... ignoréis" (vv. 13, 14)

Aparentemente los primeros cristianos esperaban que el Señor regresaría antes de que ellos murieran. En Tesalónica algunos de los creyentes ya habían fallecido. La iglesia evidentemente tenía algunas preguntas acerca de esto. ¿Qué pasaría con los hermanos que no estuvieran vivos cuando Jesús apareciera? Pablo responde a esta pregunta en este pasaje.

Para Pablo el futuro de los creyentes después de la muerte estaba ligado con la resurrección de Cristo Jesús. Los cristianos creían que Dios había resucitado a Cristo de entre los muertos. Tenían que tener confianza también en que la relación de los creyentes con Dios en Cristo no terminaba con la muerte. La muerte física de los cristianos no era ninguna clase de problema para el Dios que había levantado a Cristo de entre los muertos.

Aquellos que estemos vivos "no precederemos a los que durmieron" (vv. 15–18)

Los versículos 15–17 describen el escenario de los últimos tiempos. Lo principal en este pasaje era la insistencia de Pablo en que estar vivo para cuando el Señor regresara no daría ventajas a los lectores, porque ellos no precederían a aquellos que ya habían fallecido.

Pablo hizo dos declaraciones fundamentales en el versículo 16 y una en el 17; estas nos proveen de la secuencia de eventos principales relacionados con la segunda venida de Cristo. Tres eventos clave constituyen la visión de Pablo de la venida de Cristo: (1) El Señor descenderá (16a); (2) "Los muertos en Cristo resucitarán" (16b); y (3) todos los creyentes serán "arrebatados... para recibir al Señor en el aire" (v. 17). El siguiente cuadro describe la secuencia y los detalles de esos eventos.

El regreso de Cristo (El rapto)

Evento	Versiculo	Detalles del evento
1. Aparición del Señor	v. 16a	• El Señor descederá del cielo → con voz de mando → con voz de arcángel → con trompeta de Dios
2. Resucitará a los "muertos en Cristo"	v. 16b	• Los muertos resucitarán primero
3. Los creyentes serán "arrebatados... en las nubes"	v. 17	• juntamente con los "muertos en Cristo" → en las nubes → para recibir al Señor en el aire

El "rapto"

El evento descrito en los versículos 16 y 17, comúnmente referido como el "rapto", tiene un lugar prominente en los estudios de los últimos días. Hablan del arrebatamiento de los creyentes por Cristo en el tiempo de su venida.

Se dice que los creyentes que estén vivos serán "arrebatados" para recibir al Señor en su venida. Pero esto no lo entienden de la misma manera todos los intérpretes. Todos los que creen en el milenio y en los últimos tiempos, aunque tengan interpretaciones diferentes sobre los mismos, sostienen firmemente la verdad bíblica del rapto. Sin embargo, los que sostienen el punto de vista premilenial son los que ponen más énfasis en la enseñanza sobre el rapto. Estos intérpretes creen que la tribulación tendrá lugar inmediatamente antes de la segunda venida de Cristo. Los de las perspectivas postmilenialista y amilenialista entienden en general el rapto como parte del día del Señor cuando Cristo Jesús regresará para reunir a su pueblo con él.

El tiempo de tribulación mencionado arriba tiene que ver con la Gran Tribulación. Es un período de siete años de intenso sufrimiento en la tierra antes de la segunda venida de Cristo. Hay tres interpretaciones básicas acerca de la tribulación, tal como explicamos en el cuadro de la página siguiente.

*Interpretaciones sobre la tribulación**

INTERPRETACION	EXPLICACION
Pretribulacional	Creen que el rapto tendrá lugar antes de la tribulación.
Mitad tribulación	Ubica el rapto a mitad del período de siete años de tribulación.
Postribulacional	Sostienen que la iglesia permanecerá en la tierra durante el tiempo de la tribulación.*

* Para más información sobre el regreso del Señor véase el artículo "El regreso de Cristo" en la página 67.

■ La comunidad de creyentes no debería ape-
■ narse por aquellos que han muerto en Cristo,
■ porque Dios los traerá junto con el Señor
■ cuando él regrese. Cuando el Cristo aparez-
■ ca, los cristianos fallecidos resucitarán para
■ encontrarse con el Señor en el aire junto con
■ aquellos que hayan sido "arrebatados" (que
■ están vivos y permanezcan). Pablo exhorta a
■ los creyentes a que se alienten unos a otros
■ con estas palabras.

Pablo quería que sus lectores creyeran que la muerte física no era un problema, de forma que cierra esta sección con la exhortación: "Alentaos unos a otros con estas palabras." Así como los tesalonicenses fueron llamados a alentarse unos a otros, los creyentes de todos los tiempos somos llamados a "gozarnos con los que se gozan" y a "llorar con los que lloran". Este es el mensaje paulino de ánimo.

PREGUNTAS PARA GUIAR SU ESTUDIO

1. ¿Cuál era el propósito de Pablo al hacer su llamamiento al comienzo de este capítulo?

2. ¿Qué es la doctrina de la santificación? ¿Qué es lo que nos enseña Pablo acerca de la santidad en la vida sexual?

3. Pablo exhorta a los tesalonicenses a que practiquen el "amor fraternal" ¿Cómo podemos aplicar esta exhortación a la vida de hoy de la iglesia?

4. ¿Qué significa la palabra *rapto*? ¿Qué eventos nos describe Pablo en relación con el regreso de Cristo? ¿Cuál debería ser la actitud de los creyentes hacia el regreso del Señor?

El día del Señor

La fase el "día del Señor" está llena de significado para todo aquel familiarizado con las Escrituras judías. En el Antiguo Testamento es un día de juicio. Jehová castigará el mal dentro de Israel (Am. 5:18–20) en aquel día, y los iniicuos entre las naciones enfrentarán un día de terrible ira (Is. 13: 6–13; Abd. 15). Aquellos que no se hayan arrepentido se enfrentarán a la "destrucción por el Todopoderoso" (Jl. 1:13–15). Con todo, el castigo de los malos es al mismo tiempo la liberación de los justos (Jl. 2:31, 32; Zac. 14:1–21; Mal. 4:5). En el Nuevo Testamento, Jesús es el Señor a quien Dios ha puesto como juez del mundo (Hch. 17:31), de manera que el día del Señor (2 Ts. 2:2; 1 Co. 5:5; 2 P. 3:10) es el día del Señor Jesucristo (1 Co. 1:8; 2 Co. 1:14; Fil. 1:6–10; 2:16).

Este capítulo contiene dos secciones principales. En la primera, Pablo sigue hablando acerca del regreso del Cristo y enfatiza el día del Señor. En la segunda sección pone el énfasis en las responsabilidades hacia las diferentes personas en la comunidad cristiana.

EL DIA DEL SEÑOR (5:1–11)

Pablo sigue con la discusión sobre la venida del Señor empezada en el capítulo 4, pero en esta sección cambia el énfasis. En tanto que 4:13–18 trata acerca de las inquietudes relacionadas con los creyentes que ya han muerto, estos versículos tienen que ver con las responsabilidades de los creyentes vivos mientras esperan el regreso de Cristo.

La pregunta de los tesalonicenses (v. 1)

¿Cuándo va a volver el Señor? Es una pregunta que ha estado en la mente de los creyentes por siglos. La respuesta de Pablo a un tiempo específico era: "Pero acerca de los tiempos y de las ocasiones, no tenéis necesidad, hermanos, de que yo os escriba." Sí, sin embargo, recuerda a los tesalonicenses que el regreso de Cristo es inevitable y sorprenderá a los incrédulos. Al contrario de los incrédulos, los creyentes deben permanecer despiertos y vigilantes esperando su regreso.

Descripciones del retorno del Señor (vv. 2, 3)

Pablo usa dos analogías para describir la manera en que Cristo regresará.

Su forma inesperada. El Señor vendrá "así como ladrón en la noche". Un ladrón no anuncia su llegada, de manera que el momento específico de su aparición es desconocido. Sin embargo, sólo aquellos que son incrédulos serán pillados por sorpresa.

La manera repentina. Como los dolores de parto repentinos de la mujer encinta. Además, cuando una mujer embarazada empieza en realidad a dar a luz, no hay "escape" (v. 3). Su conclusión es inevitable.

Anticipando su regreso (vv. 4–11)

¿Cómo pueden los creyentes vivir a la luz del regreso de Cristo? Pablo provee instrucción adicional para responder a esta pregunta. Los creyentes deberían prepararse para el retorno del Señor mediante un vivir piadoso y disciplinado basado en la esperanza, el amor y la fe. Vigilar por el regreso de Jesús involucra vivir en obediencia a los mandamientos del Señor. Pablo da a sus lectores estas exhortaciones:

1. *"Velemos."* La palabra *velar* significa estar alerta, despierto. Los creyentes deben ser como el vigilante que nunca se duerme en su puesto.
2. *"Seamos sobrios."* Esta es una palabra que significa "estar en su sano juicio". Una persona así es plenamente consciente de lo que está sucediendo a su alrededor.

El creyente debe estar alerta como un soldado que está poniéndose la armadura. La armadura del soldado cristiano incluye aquellas cualidades y atributos que ya tiene entre sus posesiones: (1) La "coraza" del amor y de la fe; y (2) el "yelmo" de la salvación.

Pablo termina esta sección exhortando a sus lectores a que se animen unos a otros con estas verdades acerca del regreso de Cristo. Los creyentes deben alentarse y edificarse unos a otros en la fe, sabiendo que un día vivirán con el Señor Jesús.

"Destrucción"

¿Qué es la "destrucción repentina" que vendrá sobre los incrédulos? Esta destrucción de los últimos tiempos es repentina e inesperada, pero no viene rápida. En 2 Ts. 1:8, 9 Pablo proclama la "eterna perdición" de aquellos que no conocen a Dios y que no obedecen al evangelio. Aquellos que rehúsan reconocer o obedecer a Dios viven en una ignorancia que se imponen a sí mismos. No son sólo ignorantes del Dios vivo sino también del Dios que los va a juzgar. Su juicio vendrá como una sorpresa.
No habrá demoras, ya no habrá oportunidad de cuidar de los asuntos descuidados. Ya no habrá una segunda oportunidad, no tendrán más posibilidades de prepararse para su encuentro con el Señor.

Michael Martin.

■ *Debido a que el día del Señor vendrá repen-*
■ *tina e inesperadamente, para destrucción de*
■ *aquellos que son espiritualmente insensibles,*
■ *los creyentes deben mantenerse en alerta es-*
■ *piritual.*

EXHORTACIONES FINALES (5:12–22)

Esta sección última enfatiza las responsabilidades de la iglesia hacia diferentes personas dentro de la comunidad cristiana.

Dirigentes y seguidores (vv. 12, 13)

Los líderes deben respetar a aquellos que siguen su liderazgo. Pablo identifica tres áreas asociadas con la relación entre dirigentes y seguidores.

1. *Los que trabajan con diligencia* (v. 12). Eran los que trabajaban con entusiasmo en el ministerio y se ganaban el respeto de la congregación.
2. *Los que presiden a los creyentes* (v. 12). Eran aquellos que dirigían o cuidaban de otros en la congregación.
3. *Los que amonestan* (v. 12). Eran líderes o miembros de la congregación que exhortaban a los hermanos a comportarse debidamente.

Pablo exhorta a la congregación tesalonicenses a reconocer y respetar a aquellos que ministraban entre ellos. Debían procurar tener paz entre ellos (v. 13b).

El débil y el fuerte (vv. 14, 15)

El apóstol provee en el versículo 14 cuatro breves exhortaciones para la iglesia ("hermanos" se refiere a toda la congregación) a fin de que adopten medidas protectoras para ayudar a los hermanos débiles o problemáticos:

1. *"Amonestéis a los ociosos."* Aquellos que eran indisciplinados habían entrado en un estilo de vida inaceptable y necesitaban que se les corrigiera en su comportamiento.

2. *"Alentéis a los de poco ánimo."* Eran aquellos que estaban desanimados por las circunstancias que atravesaban y necesitaban ser animados.

3. *"Sostengáis a los débiles."* Esto se puede referir a los que eran físicamente débiles o estaban enfermos, o a los que eran espiritualmente débiles o inmaduros. La iglesia debía apoyar a estos hermanos y no abandonarlos.

4. *"Seáis pacientes para con todos."* La paciencia es una característica de Dios. Los creyentes de Tesalónica debían demostrar paciencia cristiana al tratar con los miembros problemáticos, de la misma manera que Dios demostraba paciencia para con ellos.

Los optimistas y los pesimistas (vv. 16–18)

Estas tres breves exhortaciones recomiendan una adoración gozosa dirigida a Dios y debería ser evidente en todas las reuniones donde los cristianos se congregan para adorar:

1. *"Estad siempre gozosos"* (v. 16). El gozo es parte del fruto producido en el creyente por el Espíritu. El cristiano gozoso se regocija con las bendiciones de los demás y es obediente al Señor.

2. *"Orad sin cesar"* (v. 17). "Dios está con nosotros independientemente de lo que nos suceda. La voluntad de Dios es que encontremos gozo en la oración a Cristo en toda situación de la vida." A.T. Robertson.

"Ociosos" o "desordenados"

La palabra griega detrás de estas traducciones es un término militar que describe a soldados que no mantienen la disciplina.

Leon Morris

"La imagen de Henri Nouwen del sanador herido es un modelo para el ministerio de la iglesia hacia los débiles. El hombre se sienta a la puerta con los otros heridos y enfermos. Sus heridas son tan profundas como las de los otros; sus sufrimientos tan severos como los de los demás. Pero él deja de cuidar sus propias heridas para limpiar y vendar las de otros."

John D. Hendrix

"Las discusiones modernas insisten en que la función del profeta era más bien proclamar la verdad que predecir el futuro. Aunque hay verdad en esto no deberíamos olvidar que en ocasiones el profeta prediciría el futuro."

Leon Morris

3. *"Dad gracias en todo"* (v. 17). Los creyentes deberían dar gracias constantemente a Dios por lo que él ha hecho en sus vidas. Pablo estaba particularmente agradecido por lo que Dios había hecho en la iglesia tesalonicense.

El cínico y el crédulo (vv. 19–22)

Pablo escribió esta serie de cinco exhortaciones para ayudar a los tesalonicenses a mantenerse firmes en medio de declaraciones conflictivas acerca de la verdad:

1. *"No apaguéis al Espíritu"* (v. 19). El Nuevo Testamento usa el fuego como un símbolo del Espíritu. Esta exhortación prohíbe a los tesalonicenses suprimir o sofocar la obra del Espíritu en su iglesia. La siguiente exhortación provee un ejemplo de cómo apagar el fuego del Espíritu.

2. *No menospreciéis las profecías* (v. 20). Los que tenían el don de profecía proclamaban la palabra de Dios a la congregación. La iglesia podía "apagar el Espíritu" al rehusar escuchar la palabra del profeta.

3. *"Examinadlo todo; retened lo bueno"* (v. 21). Examinar algo es someterlo a prueba, analizarlo cuidadosamente. Era una invitación a la iglesia para que examinara con cuidado las enseñanzas de maestros y profetas visitantes así como las de los propios miembros y dirigentes. Lo que demostraba ser "bueno" debían retenerlo y dejar que moldeara sus vidas.

4. *"Absteneos de toda especie de mal"* (v. 22). "Especie de mal" es la traducción de una palabra que significa "apariencia". Después de examinarlo con cuidado, deben evitar todo lo que parezca ser malo. "El mal tiene siempre la habilidad de apare-

cer en todo don espiritual, incluido el de profecía." A. T. Robertson

- El *apóstol refleja en esta sección las respon-*
- *sabilidades de la iglesia hacia diferentes per-*
- *sonas dentro de la comunidad cristiana.*
- *Insta a los miembros de la iglesia, mediante*
- *una serie de exhortaciones breves, a aceptar-*
- *se unos a otros así como también a la comu-*
- *nidad en formas que honren y glorifiquen a*
- *Dios.*

BENDICION Y CONCLUSION (5:23–28)

Bendición (vv. 23, 24)

Pablo concluye con una oración que hace hincapié en los dos temas clave de la carta. Su primera petición es que Dios santifique a los tesalonicenses "por completo". La segunda es que la iglesia sea preservada.

Termina su oración asegurando a los tesalonicenses que Dios es fiel y cumplirá lo que ha prometido. Pablo deja a sus lectores con la seguridad de que aquellos que están en Cristo serán santificados y guardados, haciendo que su futuro esté asegurado.

Comentarios finales (vv. 25–27)

A continuación de su oración por la congregación tesalonicense, Pablo les dirige tres exhortaciones breves:

1. *"Orad por nosotros."* Pide las oraciones de sus convertidos en Tesalónica. Pablo usa el tiempo presente, lo cual indica que deseaba que oraran por ellos continuamente.

"Examinar", "Probar"

Estos términos "se usan a menudo para probar metales o verificar presupuestos. 'Examinadlo todo' se refiere al proceso de separar lo genuino de lo falso. Pablo no estaba diciendo que probáramos una vez todas las cosas. Lo que quería decir es que probáramos lo que se presenta a sí mismo como bueno. Lo bueno debería aceptarse y, por el contrario, evitarse toda clase de mal."

John D. Hendrix

"Muchos no podían leer en aquel tiempo, de manera que leer la carta en voz alta era la única forma de que todos en la congregación se enteraran de su contenido."

Craig S. Keener

2. *"Saluda a todos los hermanos con ósculo santo."* Este beso santo era practicado ampliamente por los primeros cristianos como una forma de saludo y de impartir bendición. Puede que se usara esta costumbre para expresar la unidad de la comunión cristiana.

3. "Os conjuro... que esta carta sea leída a todos." Según A.T. Robertson la palabra "conjuro" significa ligarse con otro mediante juramento. Pablo estaba pidiendo un compromiso solemne de que leerían la carta a "todos los hermanos".

Conclusión de la carta (v. 28)

La manera típica de terminar una carta en el mundo antiguo era una sencilla despedida. Pablo sustituye la fórmula secular con una bendición. El tema que era la firma de Pablo —la gracia de nuestro Señor Jesucristo— concluye la carta. Les recuerda a sus lectores que Cristo Jesús es la fuente de la gracia de Dios y luego la aplica a los creyentes.

■ *Pablo dirige a la iglesia palabras de afirma-*
■ *ción y bendición. Estos comentarios subra-*
■ *yan la importancia de la oración en el*
■ *cumplimiento de los propósitos de Dios.*

PREGUNTAS PARA GUIAR SU ESTUDIO

1. ¿Cómo respondió Pablo a las preguntas acerca del tiempo del regreso de Cristo? ¿Es realmente necesario que sepamos cuándo tendrá lugar su regreso?

2. ¿Qué es el "día del Señor" ¿Qué significa para los creyentes? ¿Y para los no creyentes?

3. ¿Cómo deberían vivir los creyentes en anticipación para la segunda venida de Cristo?

4. Pablo dio varias exhortaciones finales a la iglesia en Tesalónica relacionadas con sus responsabilidades con diferentes personas dentro de la comunidad cristiana. ¿Se aplica alguna de éstas a su iglesia hoy?

Pablo escribió esta carta a los tesalonicenses para tratar tres asuntos principales. Primero, estaba la cuestión de la continua persecución que la iglesia todavía seguía sufriendo y que aparentemente enfrentaba con valor y fidelidad. Segundo, una o varias personas habían proclamado a la iglesia que el día del Señor ya había llegado. Tercero, algunos miembros de la iglesia eran culpables de ociosidad y conducta desordenada.

En este primer capítulo Pablo enfatiza las graves consecuencias que les esperaban a los perseguidores de los tesalonicenses por medio del juicio de Dios.

EL SALUDO (1:1, 2)

Autores (v. 1a)

Como en el caso de 1 Tesalonicenses, los tres hombres involucrados en la escritura de la carta fueron Pablo, Silvano (Silas) y Timoteo. (Véase 1 Ts. 1:1 para más información sobre ellos.)

Destinatarios (v. 1b)

Aquí, como en todas sus epístolas, Pablo siguió la forma convencional de las cartas griegas. Aunque siguió esa forma, lo hizo con un estilo distintivamente cristiano.

Saludos (v. 2)

Los saludos de 2 Tesalonicenses son idénticos a los de 1 Tesalonicenses excepto que se agrega el pronombre *nuestro* en el primer versículo y la frase "de Dios nuestro Padre y del Señor Jesucristo" (v. 2). (Véase 1 Ts. 1:1 para una discusión de los términos *gracia y paz.*) El acto de gracia de Dios en Cristo y la gran bendición que

La carta helenista

Por lo general, las epístolas de Pablo parecen seguir el modelo normal de las cartas griegas, cuya forma básica consiste de cinco secciones principales.

1. Prólogo (remitente, destinatario y saludo).

2. Acción de gracias o bendición (con frecuencia con una oración intercesora, buenos deseos o saludos personales).

3. Tema central de la carta (incluyendo razonamientos y citas de fuentes clásicas).

4. Parénesis (instrucción ética, exhortación).

5. Conclusión (mención de planes personales, amigos mutuos, bendición).

puede resultar es el principio básico de la fe cristiana.

Pablo usa el término *Padre* en su primera designación de Dios. Este título les recuerda a sus lectores que existe una relación no sólo entre el padre y sus hijos, sino también entre los hijos. Los hijos que comparten el mismo Padre forman juntos una misma familia y deberían mostrar amor e interés unos por otros.

- La segunda carta a los tesalonicenses empieza identificando a Pablo, Silvano y Timoteo como sus remitentes. Pablo fue, sin duda, el escritor principal. La carta comienza siguiendo el modelo de la mayoría de las cartas de Pablo.

GRATITUD DE PABLO POR LOS CREYENTES (1:3, 4)

Antes de enfocarse en los problemas de las iglesias a las que escribía, Pablo por lo general expresa gratitud por las buenas cosas que hay en las vidas de los miembros. Hace lo mismo aquí, pero con un giro diferente. Sus expresiones de acción de gracias, aquí y en 2 Ts. 2:13, no son las acostumbradas porque incluyen un sentido de obligación. "Debemos" implica que dar gracias no era una opción. También dice de la acción de gracias que debía ser "como es digno", lo cual enfatiza más el sentido cristiano de obligación moral.

¿Por qué usó Pablo estas expresiones? Algunos intérpretes sugieren que los tesalonicenses habían indicado no ser dignos de los elogios de Pablo en la carta anterior. No obstante, cuando la "fe" y el "amor" existen en la iglesia era un error no estar agradecidos a Dios quien era su fuente. Una fe que "crecía" y un amor que "abundaba" eran las razones del apóstol para su acción de gracias en esta carta. La fe y el amor no son cualidades estáticas, sino dinámicas. Nunca podemos confiar o amar tanto como debemos, por tanto debemos estar interesados tanto en su presencia como en su desarrollo.

Las dinámicas cristianas actuando en Tesalónica

Virtud	Dinamica Actuando	Dirigida a
Fe	"Va creciendo"	Dios
Amor	"Abunda"	Otros creyentes

"Nos gloriamos"

Gloriarse significa estar orgulloso de algo o de alguien en un sentido positivo. Sólo se usa aquí en todo el Nuevo Testamento.

"Pablo acostumbraba a expresar un orgullo sano acerca de las iglesias para estimularlas a mayores logros espirituales. Le encontramos gloriándose de los tesalonicenses de Macedonia ante los corintios (2 Co. 8:1–15) como luego lo hace de los corintios ante los tesalonicenses (2 Co. 9:1–5)."

A. T. Robertson

Pablo continúa su acción de gracias diciendo que la fe creciente y el amor abundante de la iglesia son buenas razones para sentirse orgulloso. El apóstol se gloriaba en parte porque la fe y el amor de los tesalonicenses crecía a pesar de la persecución.

El énfasis de Pablo en este gloriarse ante otras congregaciones servía para dos propósitos: (1) Intensificaba la afirmación; (2) implicaba que los tesalonicenses tenían una reputación que tenían que seguir demostrando, lo cual les alentaba a perseverar.

■ *Pablo elogió a los tesalonicenses por su fe*
■ *creciente y por su amor y paciencia que*
■ *abundaba. Se convirtieron en su motivo de*
■ *orgullo ante otras congregaciones.*

EL RESULTADO DE LA PERSEVERANCIA (1:5–10)

Estos versículos expresan una de las grandes esperanzas que el apóstol tenía acerca de la iglesia: que perseveraran. Les alienta en la perseverancia señalando sus resultados finales y las consecuencias últimas de oponerse a la fe. Debido a que Dios es justo, él finalmente premiará a los fieles y castigará a los impíos.

La perseverancia de los tesalonicenses (v. 5)

Es difícil determinar lo que Pablo considera exactamente como "demostración del justo juicio de Dios". Pudo haber sido tanto el hecho de que estaban sufriendo como que estaban sobrellevando bien el sufrimiento. Esto es hoy una evidencia de la presencia de Dios en la iglesia. El poder de Dios en la vida de los creyentes era una prueba de que saldrían victoriosos.

El mal no había prevalecido. El enemigo no pudo llevar a cabo su propósito. Esto era una evidencia de la debilidad de las fuerzas que se oponían a Dios. La perseverancia en la persecución significaba que Dios tendría a los tesalonicenses por "dignos del reino de Dios" (es decir, en su reinado victorioso).

La reivindicación justa de Dios (vv. 6–10)

La reivindicación de los perseguidos es un aspecto de la justicia del juicio de Dios. El otro aspecto es el castigo que enfrentarán los perseguidores. El justo juicio de Dios "[pagará] con tribulación a los que os atribulan" y dará reposo a los atribulados (v. 7). "Mía es la venganza, yo daré el pago, dice el Señor" (He. 10:30). En el contexto del sufrimiento indebido de los justos a manos de los injustos, esta promesa es una seguridad de que los malos recibirán al fin el pago que se merecen.

"El Nuevo Testamento no ve el sufrimiento en la misma manera que lo hace la mayoría de las personas hoy. Para nosotros es en sí mismo un mal, algo que debemos evitar a toda costa. Aunque el Nuevo Testamento no minimiza este aspecto del sufrimiento, tampoco pierde de vista el hecho de que en la providencia de Dios el sufrimiento es a menudo la manera en que Dios lleva a cabo sus eternos propósitos. Desarrolla en los que sufren cualidades de carácter."

Leon Morris

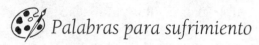 *Palabras para sufrimiento*

TERMINO	SIGNIFICADO	EJEMPLOS	REFERENCIAS
"Persecuciones"	Especialmente persecución religiosa.	Oposición política a la predicación del evangelio; violencia física, tal como lapidación.	Ro. 8:35; 2 Ti. 3:11
"Pruebas"	Presiones; metafóricamente opresión onerosa.	Presiones de circunstancias; antagonismo' de personas.	1 Ts. 1:6; 3:3, 7

"Reposo"

La palabra que Pablo usa para indicar *descanso* significaba originalmente el alivio de la tensión de la cuerda de un arco. Según A.T. Robertson, descanso significa "alivio de las dificultades aquí (2 Co. 2:13; 7:5; 8:13) y en el más allá. Es una expresión vívida. Ellos compartieron el sufrimiento con Pablo (v. 5) y también compartirán el reposo."

La promesa de rendición de cuentas en el futuro no va a quitar el sufrimiento de los creyentes, pero sí les ayuda a poner el sufrimiento en perspectiva.

Así como los perseguidores serán castigados por causar sufrimiento a los justos, los creyentes fieles pueden anticipar el descanso prometido por Dios ("reposo" v. 7) en el reino glorioso del Señor Jesucristo.

■ *En el juicio venidero, Dios cambiará los pa-*
■ *peles de los perseguidos y perseguidores. El*
■ *pueblo de Dios puede alentarse sabiendo que*
■ *serán vindicados en la venida del Señor, y se*
■ *darán cuenta de que en realidad no creyeron*
■ *ni sufrieron en vano.*

LA ORACION DE PABLO POR LOS TESALONICENSES (1:11, 12)

Pablo fue siempre consciente de que el futuro de los creyentes dependía de Dios. Por lo tanto, no era para él una contradicción asegurar a sus lectores que Dios los tendría como dignos y al mismo tiempo orar constantemente a Dios para que él lo llevara a cabo en ellos.

"Y toda obra de fe con su poder" debiera entenderse como la determinación y la obra de los creyentes. Tanto la determinación como la acción son esenciales en la vida de santidad. La buena resolución necesita realizarse en acciones que expresen confianza en Dios. El es, sin embargo, el que cumple nuestra determinación y nos da la energía para la obra de fe. El resultado es que no podemos presumir de haberlo hecho nosotros.

Podemos estar seguros de que somos de Dios como pueblo suyo por medio de Cristo Jesús, esto es, a causa de nuestra relación de pertenecerle y vivir para él.

"Obra de fe"

"Pablo pide por el feliz cumplimiento de lo que ha visto en el principio. Acción marcada con fe, surge de fe sostenida por fe."

A.T. Robertson

■ *Pablo oró para que el propósito de Dios para*
■ *la iglesia se cumpliera en ellos. Expresó su*
■ *deseo de que le fuera atribuida a Cristo la*
■ *gloria por todo lo que él hiciera en la vida de*
■ *los creyentes.*

PREGUNTAS PARA GUIAR SU ESTUDIO

1. Pablo identifica dos dinámicas de la vida cristiana evidentes en los creyentes de Tesalónica. ¿Cuáles eran?

2. Pablo "se gloriaba" de los tesalonicenses ante otras congregaciones. ¿Qué significa "gloriarse" en este contexto? ¿Por qué lo hacía?

3. ¿Qué hará Dios con aquellos que persiguen a los justos?

4. ¿Qué promesa hace Dios a los creyentes que sufren persecución?

2 TESALONICENSES 2

**"No os dejéis mover",
"Ni os conturbéis"**

No dejar que te muevan tiene el sentido literal de no ser zarandeados por una tormenta (Lc. 6:48) o ser sacudidos y tambalearse por un terremoto (Hch. 16:26). "Modo de pensar" implica que Pablo estaba preocupado de que los creyentes quedaran desorientados o confundidos por la falsa enseñanza. Esa combinación verbal implica una inestabilidad espiritual que no debe caracterizar a los creyentes bien fundados en la verdad y en la madurez en Cristo (ver Ef. 4:14).
"Ni os conturbéis" significa no estar alarmados o internamente turbados, lo que describe un estado de temor o perturbación. Esta misma palabra aparece en Mr. 13:7 como una advertencia contra la expectativa prematura del fin. Semejante alarma y confusión frente a la enseñanza falsa es lo opuesto de estar firme en la fe.

Este pasaje es uno de los más difíciles y problemáticos para los intérpretes de las cartas de Pablo. Su tema es conocido como el día del Señor, cuando él regresará como Juez.

La venida del Señor será un día de juicio. Los perseguidores de la iglesia recibirán el severo castigo de ser excluidos de la presencia de Dios.

EL PROBLEMA (2:1, 2)

La enseñanza de Pablo acerca de los últimos tiempos fue tratada como un problema en la congregación tesalonicense. Obviamente alguien les había dicho que el "día del Señor" ya había llegado. Era evidente que la "venida del Señor" y el arrebatamiento de los creyentes para encontrarse con él todavía no había tenido lugar. Pero el "día del Señor" podía referirse a toda una serie de eventos conectados con y precediendo a la venida del Señor.

Nos podemos imaginar que les habían dicho a los tesalonicenses que ciertos eventos ya habían sucedido, lo que quiere decir que la segunda venida de Cristo estaba a punto de ocurrir. En consecuencia, los creyentes habían sido "movidos" en su manera de pensar ("perdido la cabeza", NVI). Además, no debían alarmarse "ni por espíritu, ni por palabra, ni por carta" que hubieran recibido.

¿Cómo llegó esta falsa enseñanza a la iglesia tesalonicense? Pablo menciona tres posibles fuentes:

1. *Por "espíritu"*. La NVI traduce "ciertas profecías". La expresión probablemente se refiere a una declaración de alguna

manera inspirada por el Espíritu con énfasis en la naturaleza reveladora de la declaración. La profecía, lenguas interpretadas (véase 1 Co. 14: 5, 12) o cualquier otro ejercicio mediante el cual el que habla dice estar guiando a la iglesia en alguna palabra inspirada por el Espíritu podía servir como la avenida específica para dicha enseñanza.

2. *Por "palabra."* Pablo lo presenta como un contraste con "espíritu" (profecía). Se refiere a un discurso, enfatizando su naturaleza racional. Razonamientos derivados del Antiguo Testamento o de la vida de Cristo podrían caer dentro de esta categoría.

3. *Por "carta."* La última fuente posible de la confusión y ansiedad de la iglesia acerca del "día del Señor" pudo ser una carta. Parece como si una carta atribuida a Pablo hubiera llegado a Tesalónica y esto pudo hacer que la autoridad del apóstol apareciera respaldando la enseñanza falsa.

■ *Algunos falsos maestros estaban enseñando*
■ *que el día del Señor ya había tenido lugar.*
■ *Pablo desmiente enérgicamente esta*
■ *enseñanza falsa.*

LOS EVENTOS DE LOS ULTIMOS TIEMPOS (2:3–12)

Pablo va derecho al asunto y les dice a sus lectores que el día del Señor no había podido llegar porque los eventos asociados con su regreso todavía no habían tenido lugar. Lo que Pablo veía como los eventos del fin eran fáciles de ver. Lo que resultaba difícil era cómo debían ser entendidos, algo que no podemos resolver con el conocimiento que tenemos.

Los principales eventos (vv. 3–8)

Pablo identificó tres cosas que deben suceder antes de que llegue el día del Señor:

1. *Debe tener lugar una rebelión (v. 3)*. Pablo prefirió no elaborar sobre la naturaleza de esta "rebelión" o "apostasía". El sentido religioso es desertar de nuestra fe. Este era probablemente un concepto bien definido para los tesalonicenses. A.T. Robertson dice al respecto: "No está claro si el apóstol quiere decir alejamiento de los judíos de Dios, de los gentiles de Dios, o de los cristianos de Dios, o de la apostasía que incluye a toda clase de personas de dentro y fuera del cuerpo de cristianos."

2. *El hombre de pecado debe manifestarse (v. 3)*. Pablo describe literalmente a este hombre como el "hijo de perdición". Este hombre de pecado demandará adoración como Dios, mostrará falsos milagros inspirados por Satanás, e inspirará toda clase de pecado en sus seguidores. A. T. Robertson interpreta: "Parece que es el anticristo de 1 Juan 2:18."

3. *El que lo detiene debe ser retirado (vv. 6–8)*. A. T. Robertson dice que "desafortunadamente no sabemos lo que Pablo quiere decir con 'quien al presente lo detiene', neutro en el versículo 6 y masculino en el 7". Después que la influencia del detenedor sea retirada, el "hombre de pecado" se revelará y toda su manifestación de poder aumentará.

Los engaños del hombre de pecado (vv. 9, 10)

Su mayor engaño será su pretensión de deidad. Este hombre de pecado demandará ser adorado como Dios. Su venida estará bien concertada con la obra de Satanás, y los poderes que exhibirá serán impresionantes, pero tendrán su origen en Satanás. Esas obras de Satanás involucrarán toda clase de falsos milagros, señales y prodigios.

La "mentira" (vv. 11, 12)

Debido a su rechazo deliberado de la verdad, Dios enviará a aquellos incrédulos que sigan al hombre de pecado "un poder engañoso, para que crean la mentira" (v. 11). La "mentira" no será un engaño cualquiera sino la gran mentira que el hombre de pecado es Dios (v. 12). Al rechazar la verdad, escogen creer "la mentira".

Queridos hijos, ésta es la hora final, y así como ustedes oyeron que el anticristo vendría, muchos son los anticristos que han surgido ya. Por esto nos damos cuenta de que ésta es la hora final" (1 Jn. 2:18, NVI).

La verdad en oposición a la "mentira"

	LA VERDAD	LA MENTIRA
Fuente	Dios	Satanás
Aquellos que creen:	serán salvos	serán condenados
Destino de aquellos que siguen:	participarán en la gloria de Cristo.	compartirán la condenación del hombre de pecado.

Para más información sobre la segunda venida de Cristo, véase el artículo "El regreso de Cristo" al final del libro.

■ *Las declaraciones de Pablo en esta sección*
■ *aportan una contribución directa a la*
■ *cuestión de si el regreso de Cristo puede*
■ *suceder en cualquier momento. El apóstol*
■ *enseñó que una rebelión contra Dios (apos-*
■ *tasía) y la aparición del hombre de pecado*
■ *precederán al regreso de Cristo.*

ESCOGIDOS PARA SALVACION (2:13–15)

Pablo les dijo a los tesalonicenses que era Dios quien les había "escogido" para salvación. La relación que tenían con Dios era posible solamente porque Dios había tomado la iniciativa. Aparte de la elección y del llamamiento de Dios, la salvación era imposible.

Pablo prosigue explicando los medios para su salvación:

1. *Mediante la santificación por el Espíritu* (v. 13). La santificación es el proceso continuo de crecimiento espiritual por medio de la dirección y el poder del Espíritu. Es por medio de este proceso que los creyentes llegan a ser lo que Dios quiere que sean.

2. *Mediante la fe en la verdad* (v. 13). La verdad no es asentir a una declaración doctrinal o a un código de normas. La verdad es personal: es Cristo. Los cristianos creen en la verdad por medio de su confianza en Cristo Jesús.

El versículo 15 es una exhortación que resume lo anterior. La iglesia debe permanecer firme en la verdad que habían recibido de la enseñanza de Pablo.

"Ecogido"

Escogido es una de las varias palabras que se usan para transmitir la idea de elección. Este es el único lugar en el Nuevo Testamento donde se usa en este sentido (aunque la podemos encontrar con este significado en el Antiguo Testamento griego). No hay una sola palabra que exprese constantemente la idea de elección, pero el pensamiento fundamental está claro. La salvación de los creyentes descansa en la decisión divina, no en el esfuerzo humano. Tampoco fue esto un pensamiento de última hora de parte de Dios. El los escogió "desde el principio."

Leon Morris

■ *Pablo da gracias por la obra del Espíritu en*
■ *la vida de la iglesia tesalonicense. Les alienta*
■ *también a que permanezcan fieles en lo que*
■ *habían sido enseñados.*

UNA ORACION FINAL (2:16, 17)

El apóstol concluye esta sección con una oración por la iglesia. Pide que Dios:

1. *Conforte vuestros corazones.* En su presente estado de aflicción, los creyentes de Tesalónica estaban necesitados del ánimo y consuelo divinos.

2. *Los confirme en toda buena palabra y obra.* "Palabra y obra" hablan de comportamiento. Pablo quería que la iglesia mantuviera un modelo consecuente de comportamiento cristiano. Confiaba en que el fortalecimiento divino de la iglesia les permitiera permanecer firmes en contra de la oposición y del error.

■ *Pablo concluye esta sección con una oración*
■ *solicitando aliento y ayuda para que los tesa-*
■ *lonicenses puedan permanecer firmes en la*
■ *fe.*

PREGUNTAS PARA GUIAR SU ESTUDIO

1. ¿Qué problema de la congregación tesalonicense estaba Pablo tratando en este capítulo?

2. ¿Por qué estaban los nuevos convertidos en Tesalónica en un estado de alarma? ¿Cómo habían caído en esa situación?

3. Según Pablo, ¿qué tres cosas tenían que suceder primero antes de que llegara el Día del Señor?

4. ¿Qué quería decir Pablo cuando declaró que los tesalonicenses habían sido "escogidos para salvación"?

Este capítulo forma la última gran división de la carta. Después de solicitar que oren por su propio ministerio y protección, Pablo expresa su confianza en que los lectores (1) perseverarán en su obediencia; (2) se involucrarán a sí mismos en una conducta apropiada; (3) y serán obedientes a su enseñanza.

LA SOLICITUD DE PABLO POR ORACION (3:1–5)

Dos solicitudes (vv. 1, 2)
El apóstol Pablo oró por los creyentes. También sintió la necesidad de que ellos oraran por él. Nunca pidió por buena salud, prosperidad material o buena suerte. Su interés estaba enfocado en su papel como ministro del evangelio. Les hizo dos solicitudes de oración:

1. Pidió a los tesalonicenses que oraran "*para que la palabra del Señor corra y sea glorificada*" (v. 1). La idea que Pablo estaba transmitiendo aquí era la de un progreso *sin obstáculos* más que el esfuerzo requerido para lograr el progreso. Debido a que la proclamación rápida del evangelio no garantiza su aceptación, Pablo también les instaba a que oraran para que el evangelio fuera aceptado por aquellos que lo escucharan.

2. *Para que seamos librados de hombres perversos y malos* (v. 2). La palabra *librar* se usaba para indicar una liberación futura (vea Ro. 11:26; Col. 1:13; 1 Ts. 1:10) y liberación de peligros en esta era presente (vea Ro. 15:31; 2 Co. 1:10). Esto último es lo que Pablo tenía en mente aquí.

"Corra"

También se puede traducir como "se difunda rápidamente". "Corra" es una metáfora tomada del mundo de la competición en el estadio. El Salmo 147:15 presenta la Palabra de Dios corriendo velozmente.

- Pablo solicitó que los tesalonicenses oraran
- por él y sus colaboradores. Quería que Dios
- bendijera y prosperara su Palabra procla-
- mada. También expresaba su preocupación
- de que fueran librados de personas perversas
- y malvadas.

Les ofrece afirmación (vv. 3, 4)

Pablo cambia de sus preocupaciones sobre las persecuciones que los misioneros experimentarían a las dificultades por las que sus lectores pasarían.

La persecución era una realidad patente para los tesalonicenses. Perseverar en esta situación requería la seguridad constante de la fidelidad del Señor.

El apóstol ofrece entonces estímulo a aquellos que se encontraban en medio de la persecución. Estas palabras de ánimo describen más la fidelidad de Dios: "Os afirmará y guardará del mal [o del maligno]." En la primitiva iglesia se referían a Satanás como "el maligno" y así lo traducen algunas versiones (Mt. 6:13; Ef. 6:16). De igual manera, Pablo se refiere de una manera personal a la actividad de Satanás en las cartas a los tesalonicenses, tanto en el futuro (2:9) como en el presente. Describe a Satanás como uno que dificulta su obra (1 Ts. 2:18) y como un tentador que procura trastornar la fe de la iglesia.

La fidelidad de Dios se ve no sólo en el juicio sino también en su cuidado de la iglesia. Pablo envió a Timoteo a la iglesia con el mismo propósito, para "confirmaros y exhortaros... a fin de que nadie se inquiete por estas tribulaciones" (1 Ts. 3:2, 3).

Confiar en el Señor como aquel que conforta y protege a su pueblo lleva a la confianza y a la perseverancia de los fieles. Por causa de la fidelidad de Dios, los creyentes pueden ver más allá de sus sufrimientos y continuar en la fe.

De manera que la fidelidad de Dios garantiza:

- Que nuestro sufrimiento tiene sentido.
- Que nuestros perseguidores recibirá su justo castigo.
- Que nuestro futuro está seguro en él.

■ *Pablo ofrece estímulo a aquellos que se ha-*
■ *llan en medio de la persecución. Es el Señor*
■ *el que fortalece y protege a los suyos. Debido*
■ *a su fidelidad, los creyentes pueden perseve-*
■ *rar en la fe y mirar más allá de este período*
■ *de persecución, sabiendo que su futuro está*
■ *asegurado en él.*

Una bendición final (v. 5)

El deseo de Pablo era que la iglesia viviera en una manera consecuente con el "amor de Dios y la paciencia de Cristo". El comportamiento cristiano es fruto de un compromiso interno genuino. Esto es, Pablo pidió que el Señor "encamine" a la iglesia en un amor que refleje el amor de Dios, y en una paciencia como la que Cristo mostró frente a sus perseguidores. Efectivamente, Pablo oró porque el amor de la iglesia hacia Dios permaneciera y creciera.

"Encamine"

La palabra encaminar o dirigir es un término compuesto que, según A.T. Robertson, "presenta la idea de allanar y enderezar un camino".

Esta palabra se traduce por "encaminar" o "guiar" en Lucas 1:79 para referirse a cómo Dios "encamina" los pies de su pueblo; en 1 Ts. 3:11 para "dirigir" el camino de sus siervos; y en 2 Ts. 3:5 para "encaminar" los corazones de sus santos en el amor de Dios.

W.E. Vine.

■ *La bendición de Pablo era una expresión de*
■ *confianza en que Dios continuaría encami-*
■ *nando (dirigiendo) los pasos de los creyentes*
■ *en Tesalónica.*

EL PROBLEMA DE MIEMBROS DESORDENADOS EN LA IGLESIA(3:6–15)

La exhortación y ejemplo de Pablo (vv. 6–10)

El problema que Pablo trata en este pasaje era que algunos miembros de la iglesia tesalonicense vivían de forma desordenada. Quería que vivieran de manera ordenada. Pero en vez de hacerlo así se habían convertido en causantes de problemas.

"Entrometidos"

El término en griego es una palabra compuesta y viene a significar "estar dando vueltas en actividades no productivas en vez de ocuparse de sus propios asuntos". Literalmente no hacer nada sino metiéndose en lo ajeno.

A.T. Robertson

"La expresión implica actividades que están fuera de lo constructivo o productivo. Tales entrometidos podían trastornar la obra de la iglesia bien con su pasividad o con su actividad."

D. Michael Martin

El mandamiento de Pablo para estos miembros (vv. 11, 12)

Pablo llamó a estos ociosos "entrometidos". En vez de ser individuos productivos, estaban usando su tiempo y energía para crear dificultades.

El apóstol les manda que se pongan a trabajar y se ganen la vida. De esta manera no mermarían los recursos de la iglesia y se ganarían el respeto de otros en la comunidad.

Los mandamientos de Pablo a la iglesia (vv. 13–15)

Pablo equilibra su mandamiento para los miembros desordenados de la iglesia tesalonicense con una serie de mandamientos para la iglesia.

1. *"No os canséis de hacer bien."* Significa literalmente que "no se desanimen en hacer el bien". Insta a los tesalonicenses a no desalentarse a fin de que puedan seguir haciendo el bien a los demás.

Quería que se enfocaran en seguir haciendo el bien a los miembros desordenados. El ánimo era parte de sus instrucciones para hacer volver al redil a estos miembros ociosos.

2. *"Si alguno no obedece... a ese señaladlo, y no os juntéis con él, para que se avergüence."* Para que las instrucciones de Pablo resultaran efectivas, toda la congregación necesitaba participar en el proceso disciplinario. Los culpables debían ser señalados con el fin de que el esfuerzo coordinado de la congregación pudiera llevarse a cabo.

3. *"No lo tengáis por enemigo, sino amonestadle como a hermano."* La iglesia no debía tratar a los hermanos problemáticos como si fueran enemigos. Por el contrario, debían tratar a estos desordenados como hermanos por los que Cristo había muerto, como a hermanos que necesitaban cambiar su manera de funcionar. La iglesia tenía la responsabilidad de "amonestar" a esos miembros como a "hermanos" (esto es, en espíritu de amor y con el deseo de ayudarle).

El propósito de las instrucciones de Pablo en estos versículos era lograr que los miembros desordenados volvieran al redil, donde podían volver a ser productivos al usar sus dones y talentos en la causa de Cristo.

■ *Una preocupación de Pablo era la conducta*
■ *inapropiada de algunos de los creyentes en*
■ *Tesalónica. Les insta a dejar el hábito de la*
■ *ociosidad y dedicarse a una actividad pro-*
■ *ductiva y ganar su propio sostén. Les exhortó*
■ *también a administrar disciplina de manera*
■ *firme pero sensible a aquellos que se habían*
■ *rebelado contra su enseñanza.*

CONCLUSION (3:16–18)

Una oración por paz (v. 16)

La conclusión de la carta contiene algunos comentarios típicos. Pablo estaba siempre preocupado acerca de la paz dentro de la iglesia como
una expresión de la relación del miembro con
su Señor. Debido a que Cristo es el Señor de la
paz, la paz en la iglesia debería servir como una
evidencia de que los tesalonicenses estaban bajo
su autoridad. La paz es un don que debe ser
aceptado; no es el producto del esfuerzo humano.

La autenticidad queda asegurada (v. 17)

Este versículo contiene un comentario poco
común. La letra personal de Pablo parece que
era peculiar y fácil de reconocer. Normalmente
escribía sus saludos finales con su propia mano.
Pablo le dice a la iglesia que este era "el signo"
(la evidencia de autenticidad) en todas las cartas
que él había escrito. Quizá la razón de esto era
para evitar falsificaciones. El mismo insinuó en
esta carta que los tesalonicenses habían recibido
una carta falsa (2:2).

La bendición (v. 18)

Pablo termina su segunda carta a los tesalonicenses con una bendición idéntica a la que

usó en 1 Ts. 5:28, excepto en que agrega la palabra "todos".

■ *Los últimos comentarios de Pablo expresan*
■ *su preocupación por la paz en la iglesia como*
■ *una expresión de la relación del miembro con*
■ *el Señor. Debido a que Jesús es el Señor de la*
■ *paz, la paz en la iglesia debería mostrar que*
■ *los tesalonicenses estaban bajo la autoridad*
■ *de Cristo.*

PREGUNTAS PARA GUIAR SU ESTUDIO

1. ¿Por qué específicamente solicitó Pablo oración? De este pasaje, ¿qué podemos aprender acerca de su punto de vista sobre la oración?

2. ¿Qué aliento ofreció Pablo a aquellos que estaban sufriendo persecución? ¿Cómo podemos aplicar esas palabras de ánimo a los creyentes que sufren persecución hoy?

3. Según Pablo, ¿qué es un "entrometido"? ¿Por qué tales personas trastornan la obra de Dios?

4. ¿Cómo deben tratar las iglesias a tales personas ("entrometidos")? ¿Cuál debe ser la meta de tales acciones?

EL REGRESO DE CRISTO

El Señor Jesucristo, quien había resucitado de entre los muertos y ascendió al Padre, regresará. Esta convicción aparece expresada repetidas veces en el Nuevo Testamento.

La iglesia usó varios términos para referirse a la segunda venida de Cristo. *Parousia,* que significa *venida* o *presencia,* describe a menudo el regreso del Señor (véase Mt. 24:3; 1 Co. 15:23; 1 Ts. 2:19). *Epipaneia* describe en el uso religioso la aparición de un dios no visto (véase Tit. 2:13). La revelación *(apocalypsis)* del poder y la gloria del Señor era esperada con anhelo por la iglesia (por ejemplo, véase Lc. 17:30; Ro. 8:18).

La frase "el día del Señor" (un tema del Antiguo Testamento) es también común en el Nuevo Testamento. "Aquel día", "El día de Cristo" y frases similares eran usadas como sinónimos.

El escritor a menudo implicaba que estaba viviendo en los últimos días (Hch. 2:17; 1 Jn. 2:18). Sin embargo, la referencia al tiempo en muchos pasajes citados arriba es ambigua (véase 1 Co. 1:8; 5:5; Fil. 1:6, 10; 1 Ts. 5:2; 2 Ts. 1:10). El carácter de aquel "día" es más claro que su tiempo. Es el día de juicio.

Los Evangelios. Jesús enseñó a sus discípulos que esperaran un final catastrófico de la historia. En aquel momento Dios llevaría a cabo una resurrección general y un juicio final con recompensas apropiadas para los justos y los injustos (Mt. 7:21–27; 24:1–51; Mr. 12:24–27; 13:1–37; Lc. 11:31, 32; 21:5–36).

Aunque las señales del fin reciben considerable atención en los Evangelios (Mt. 24; Mr. 13; Lc. 21), el tiempo del fin permanece obscuro. Algunos dichos implican que el fin está cerca (Mt. 10:23; Mr. 9:1; 13:30). Otros implican una demora (Mt. 25:5; Mr. 13:7, 10). Las declaraciones más claras indican que el tiempo no lo podemos saber (Mt. 24:36, 42–44; Mr. 13:32–37; Lc. 12:35–40).

Hechos 1:6–8 expresa la misma convicción: El tiempo no lo podemos saber. Según Jesucristo, la tarea de los discípulos es dar testimonio del evangelio. El tiempo quedaba en las manos del Padre.

Las epístolas. A medida que pasaba el tiempo, las preguntas surgían en la iglesia. ¿Qué ocurría con aquellos que morían antes del retorno de Cristo (1 Ts. 4:13–18)? ¿Cómo será su regreso y cuándo sucederá (1 Ts. 5:1–11; 2 Ts. 2:1–12)? ¿Qué sucederá con nosotros y con nuestro mundo (1 Co. 15:12, 13; 23–28)? ¿Hace su demora que su prometido regreso sea una mentira (2 P. 3:3–10)?

El Nuevo Testamento responde a estas cuestiones con fuertes afirmaciones relacionadas con la segunda venida de Cristo; pero no es claro en lo concerniente a tiempo de su aparición. No obstante, las epístolas revelan claramente una fe persistente en el regreso de Cristo (Ro. 8: 19–39; 2 Ti. 4:1). Su señorío es real. Su victoria está asegurada. Su pueblo compartirá su gloria a su regreso (Ap. 19:6–22:17). De manera que la responsabilidad de la iglesia es tener paciencia, fidelidad y dar testimonio (véase Hch. 1:7, 8; 1 Co. 15:58; 1 Ts. 4:18).

(Tomado del *Holman Bible Handbook* [Manual Bíblico Holman], p. 735.)

BOSQUEJO DE ESTUDIO PARA 1 TESALONICENSES 1

I. El saludo (1:1)
   A. Autores y destinatarios (v. 1a)
   B. Saludos (v. 1b)
II. Acción de gracias (1:2–7)
   A. Oración de gratitud de Pablo (vv. 2, 3)
   B. El éxito de la misión en Tesalónica (vv. 4–7)
III. Las noticias se difunden (1:8–10)

BOSQUEJO DE ESTUDIO PARA 1 TESALONICENSES 2

I. Las dificultades que enfrentaron (2:1, 2)
II. La pureza de las motivaciones de Pablo (2:3–5)
III. Tiernos como una nodriza (2:6–8)
IV. La generosidad de su ministerio (2:9–12)
V. La aceptación del mensaje (2:13–16)
VI. El deseo de Pablo de visitar la iglesia (2:17–20)

BOSQUEJO DE ESTUDIO PARA 1 TESALONICENSES 3

I. La decisión de enviar a Timoteo (3:1–5)
II. Timoteo regresa con buenas noticias (3:6–10)
III. La oración de Pablo (3:11–13)
   A. "Dirija nuestro camino a vosotros" (v. 11)
   B. "Os haga crecer y abundar en amor" (v. 12)
   C. "Sean afirmados vuestros corazones" (v. 13)

BOSQUEJO DE ESTUDIO PARA 1 TESALONICENSES 4

I. Llamamiento inicial a la obediencia (4:1, 2)
II. Exhortaciones acerca de la santificación (4:3–8)
   A. Santidad en la vida sexual (vv. 3–6a)
      1. Deberían evitar la inmoralidad sexual (v. 3)
      2. Deberían saber cómo controlar su propio cuerpo (vv. 4, 5)
      3. "Ninguno agravie ni engañe en nada a su hermano" (v. 6a)
   B. Una advertencia solemne (vv. 6b–8)
      1. Dios castigará el comportamiento pecaminoso (v. 6b)

2. Los pecados sexuales no son compatibles con una vida santificada (v. 7)
3. Aquel que rechaza sus instrucciones rechaza a Dios (v. 8a)
4. Vivir en pecado no es consecuente con el carácter del Espíritu Santo que mora en el creyente (v. 8b).

III. Exhortaciones sobre el amor fraternal (4:9–12)
   A. El amor entre los hermanos (vv. 9, 10)
   B. La conducta en la comunidad (vv. 11, 12)

IV. Exhortaciones en relación con aquellos que ya han muerto (4:13–18)
   A. "Tampoco queremos que ignoréis" (vv. 13, 14)
   B. "Nosotros que vivimos... no precederemos a los que durmieron" (vv. 15–18)

BOSQUEJO DE ESTUDIO PARA 1 TESALONICENSES 5

I. El día del Señor (5:1–11)
   A. La pregunta de los tesalonicenses (v. 1)
   B. Descripciones del retorno de Cristo (vv. 2, 3)
   C. Anticipando su regreso (vv. 4–11)

II. Exhortaciones finales (5:12–22)
   A. Dirigentes y seguidores (vv. 12, 13)
   B. El débil y el fuerte (vv. 14, 15)
   C. Los optimistas y los pesimistas (vv. 16–18)
   D. El cínico y el crédulo (vv. 19–22)

III. Bendición y conclusión (5:23–28)
   A. La bendición (vv. 23, 24)
   B. Comentarios últimos (vv. 25–27)
   C. Conclusión de la carta (v. 28)

BOSQUEJO DE ESTUDIO PARA 2 TESALONICENSES 1

I. El saludo (1:1, 2)
   A. Autores (v. 1a)
   B. Destinatarios (v. 1b)
   C. Saludos (v. 2)

II. La gratitud de Pablo por los creyentes (1:3, 4)

III. El resultado de la perseverancia (1:5–10)

IV. La oración de Pablo por los tesalonicenses (1:11, 12)

BOSQUEJO DE ESTUDIO PARA 2 TESALONICENSES 2

  I. El problema (2:1, 2)

 II. Los eventos de los últimos días (2:3–12)

    A. Los principales eventos (vv. 3–8)

       1. Una apostasía debe suceder (v. 3)

       2. El hombre de pecado debe manifestarse (v. 3)

       3. Aquel que detiene debe ser quitado (vv. 6–8)

    B. Los engaños del hombre de pecado (vv. 9, 10)

    C. La "mentira" (vv. 11, 12)

III. Escogidos para salvación (2:13–15)

IV. Una oración de conclusión (2:16, 17)

BOSQUEJO DE ESTUDIO DE 2 TESALONICENSES 3

  I. La solicitud de Pablo por oración (3:1–5)

    A. Dos solicitudes (v. 1, 2)

    B. Les ofrece afirmación (vv. 3, 4)

    C. Una bendición final (v. 5)

 II. El problema de miembros desordenados en la iglesia (3:6–15)

    A. La exhortación y ejemplo de Pablo (vv. 6–10)

    B. El mandamiento de Pablo para los miembros (vv. 11, 12)

    C. Los mandamientos de Pablo para la iglesia (vv. 13–15)

III. La conclusión (3:16–18)

    A. Una oración por paz

    B. La autenticidad queda asegurada (v. 17)

    C. La bendición (v. 18)

La vida y ministerio de Pablo

SUCESOS MAS IMPORTANTES	PASAJES EN LA BIBLIA		POSIBLES FECHAS
	Hechos	**Gálatas**	
Nacimiento			Año 1 d. J.C.
Conversión	9:1–25	1:11–17	Año 33
Primera visita a Jerusalén	9:26–30	1:18–20	Año 36
Hambruna	11:25–30	2:1–10?	Año 46
Primer viaje misionero	13:1–14:28		Años 47–48
Concilio apostólico en Jerusalén	15:1–29	2:1–10?	Año 49
Segundo viaje misionero	15:36–18:21		
Carta a los Gálatas			Años 53–55
Tercer viaje misionero	18:23–21:6		Años 53–57
Carta a los Corintios			Año 55
Arresto y prisión en Jerusalén y Cesarea	21:8–26:32		Año 57
Prisión en Roma	27:1–28:30		Años 60–62
Carta a los Efesios			Años 60–62
Muerte			Año 67

Armonización de los viajes misioneros de Pablo con las Epístolas Paulinas

FECHA	EPISTOLA	SUCESO
Año 29 d. de J.C.	Hechos	Muerte y resurrección de Cristo.
Año 32 d. de J.C.	Hechos	Conversión de Pablo, seguida por un período de tres años de predicación en Damasco y en Arabia. Escapatoria del complot para matarlo en Damasco, cuando lo bajaron por el muro de la ciudad.
Año 32 d. de J.C.	Hechos	Bernabé presenta a Pablo ante la iglesia de Jerusalén.
Año 32 d. de J.C.	Hechos	Pablo regresa a Tarso.
Año 32 d. de J.C.	Hechos	Bernabé trae a Pablo a Antioquía de Siria. Ambos llevan ayuda para aliviar el hambre en Jerusalén.
Año 47 d. J.C.	Hechos	I. PRIMER VIAJE MISIONERO Antioquía de Siria Chipre. Elimas es enceguecido y el procónsul Sergio Paulo se convierte.
Año 47 d. de J.C.	Hechos	Perge. Separación de Juan Marcos. Antioquía de Pisidia. Pablo se dirige a los gentiles después de haber predicado en la sinagoga.
Año 47 d. de J.C.	Hechos	Iconio. Sacado de la ciudad después de predicar en la sinagoga.
Año 47 d. de J.C.	Hechos	Listra. Después de haber curado a un cojo, la multitud trataba de alabarles como a dioses, a Bernabé como a Júpiter y a Pablo como a Mercurio. Pablo fue apedreado.

FECHA	EPISTOLA	SUCESO
Año 47 d. de J.C.	Hechos	Derbe Listra Iconio Antioquía de Pisidia Pérgamo Atalia Antioquía de Siria
Año 49 d. de J.C.	Gálatas (según la Teoría de Galacia Sur)	Concilio en Jerusalén (Hechos 15).
Años 50–52 d. de J.C.	Gálatas (según la Teoría de Galacia Sur)	II. SEGUNDO VIAJE MISIONERO Antioquía de Siria Derbe Listra. Pablo lleva a Timoteo (Hechos 16:1).
Años 50–52 d. de J.C.	Gálatas (según la Teoría de Galacia Sur)	Iconio Antioquía de Pisidia Troas. Pablo recibe la visión del varón macedonio. Filipos. Conversión de Lidia y liberación de la muchacha adivina poseída por el demonio.
Años 50–52 d. de J.C.	Gálatas (según la Teoría de Galacia Sur)	Encarcelamiento de Pablo y Silas. Terremoto a medianoche. Conversión del carcelero.
Años 50–52 d. de J.C.	Gálatas (según la Teoría de Galacia Sur)	Tesalónica. Pablo es sacado de la ciudad por una turba que asaltó la casa de Jasón.

Armonización de los viajes misioneros de Pablo con las Epístolas Paulinas

FECHA	EPISTOLA	SUCESO
Años 50–52 d.de J.C.	Gálatas (según la Teoría de Galacia Sur)	Berea. Los judíos oyeron el mensaje de Pablo y buscaron en el Antiguo Testamento para verificarlo.
Años 50–52 d. de J.C.	Gálatas (según la Teoría de Galacia Sur)	Atenas. Pablo predica en la colina de Ares (Marte).
Años 50–52 d. de J.C	1 y 2 Tesalonicenses	Corinto. Pablo se ocupa en hacer tiendas con Aquila y Priscila.
Años 50–52 d. de J.C	1 y 2 Tesalonicenses	Conversión de Crispo, el principal de la sinagoga.
Años 50–52 d.de J.C.	1 y 2 Tesalonicenses	Pablo permaneció año y medio en Corinto, después que el gobernador Galión rehusó condenar su predicación.
Años 50–52 d. de J.C.	1 y 2 Tesalonicenses	Cencrea. Pablo hizo un voto de Nazareo y se afeitó la cabeza.
Años 50–52 d. de J.C.	1 y 2 Tesalonicenses	Efeso. Aquí dejó a Aquila y Priscila.
Años 50–52 d. de J.C.	1 y 2 Tesalonicenses	Cesarea Jerusalén Antioquía de Siria
Años 53–57 d.de J.C.	1 y 2 Tesalonicenses	III. TERCER VIAJE MISIONERO Antioquía de Siria Galacia y Frigia (Derbe, Listra, Iconio, Antioquía de Pisidia).

FECHA	EPISTOLA	SUCESO
Años 53–57 d. de J.C.	1 Corintios	Efeso. Predicación en la escuela de Tirannos. Los convertidos renuncian al ocultismo y queman los libros de magia. Demetrio dirige el motín de plateros a favor de la diosa Artemisa (Diana). Pablo ministró aquí durante tres años (20:31).
Años 53–57 d. de J.C.	2 Corintios	Macedonia. (Filipos, Tesalónica).
Años 53–57 d. de J.C	Romanos	Grecia (Atenas y Corinto) Los judíos planean complot para matar a Pablo en su viaje a Palestina.
Años 53–57 d. de J.C.	Romanos	Macedonia Troas. Eutico es vuelto a la vida después de caer de un tercer piso durante una predicación de Pablo.
Años 53–57 d. de J.C.	Romanos	Mileto. Despedida de los ancianos de Efeso.
Años 53–57 d de J..C.	Romanos	Tiro. Pablo es advertido que evite ir a Jerusalén.
Años 53–57 d. de J.C.	Romanos	Cesarea. Agabo profetiza a Pablo los sufrimientos que tendrá en Jerusalén.
Años 53–57 d. de J.C.	Romanos	Jerusalén. Los judíos se amotinan contra Pablo en el templo. Es rescatado y arrestado por los soldados romanos. Se defiende ante el Sanedrín y es enviado a Félix en Cesarea.
Años 53–57 d. de J.C.	Romanos	Cesarea. Pablo se defiende ante Félix, Festo y Agripa. Apela para ser juzgadoen Roma.
Años 53–57 d de J.C.	Romanos	IV. VIAJE A ROMA Creta. Pablo aconseja a los marineros no navegar en el Mediterráneo. Una tormenta azota el barco en que viajaba Pablo.

Armonización de los viajes misioneros de Pablo con las Epístolas Paulinas

FECHA	EPISTOLA	SUCESO
Años 53–57 d. de J.C.	Romanos	Malta. El barco que lleva a Pablo naufraga. Pablo y sus compañeros se quedan aquí durante el invierno.
Año 61 d. de J.C.	Filemón Colosenses Efesios Filipenses	Roma. Pablo se aloja en una casa alquilada. Predica a judíos y gentiles. Espera dos años para ser juzgado por Nerón.
Año 63 d. de J.C.	1 Timoteo Tito	Liberado de la prisión. Ministerio en el Este.
Año 67 d. de J.C.	2 Timoteo	Vuelta a la prisión.
Año 67 d. de J.C.	2 Timoteo	El martirio

Tomado de Lea, Thomas D., *The New Testament: Its Background and Message.* [El Nuevo Testamento: Su trasfondo y mensaje] (Broadman & Holman Publishers, Nashville, Tenn.), pp. 304–308.

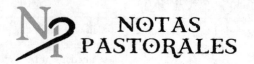

NOTAS
PASTORALES

_____

_____

_____

_____

_____

_____

_____

_____

_____

_____

_____

_____

_____

_____

_____

_____

_____

_____

_____

_____

_____

_____

_____

_____

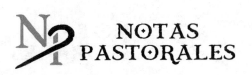

NOTAS PASTORALES

_____

_____

_____

_____

_____

_____

_____

_____

_____

_____

_____

_____

_____

_____

_____

_____

_____

_____

_____

_____

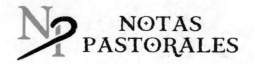

NOTAS
PASTORALES

NOTAS PASTORALES

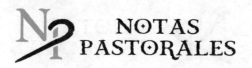

NOTAS
PASTORALES

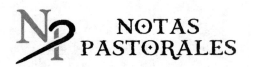

NOTAS PASTORALES

_____

_____

_____

_____

_____

_____

_____

_____

_____

_____

_____

_____

_____

_____

_____

_____

_____

_____

_____

_____

_____

_____

_____

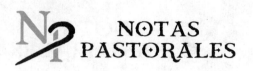

NOTAS PASTORALES